# AI와 웹소설

## 인공지능총서

인공지능 시대입니다. 기계가 인간의 인지를 대신하고, 사물이 인간을 통하지 않고 다른 사물과 직접 커뮤니케이션합니다. 이에 따른 인간 삶과 문명 변화를 정확히 이해·예측·대응하는 것은 이 시대 우리 모두의 과제입니다. 인공지능총서는 인공지능 기술과 환경의 여러 주제를 10가지 키워드로 정리합니다. 관련 개념과 이론, 학계와 산업계의 쟁점, 우리 일상의 변화를 다룹니다. 인간과 기술의 현재, 미래를 세심히 분석합니다.

## 일러두기

- 인명, 작품명, 저서명, 개념어 등은 한글과 함께 괄호 안에 해당 국가의 원어를 병기했습니다.
- 외래어 표기는 현행 어문규정의 외래어표기법을 따랐습니다.

처음이세요?

전문가세요?

# AI와 웹소설

박성준

대한민국, 서울, 커뮤니케이션북스, 2025

# AI와 웹소설

지은이 박성준
펴낸이 박영률

초판 1쇄 펴낸날 2025년 10월 17일

커뮤니케이션북스(주)
출판 등록 2007년 8월 17일 제313-2007-000166호
02880 서울시 성북구 성북로 5-11
전화(02) 7474 001, 팩스(02) 736 5047
commbooks@commbooks.com
www.commbooks.com



ISBN 979-11-430-1285-2 03500

책값은 뒤표지에 표시되어 있습니다.

# 차례

# AI 시대, 웹소설 창작의 새로운 지평

인공지능이 창작의 영역을 본격적으로 침범하면서, 인간만의 고유한 활동이라 여겨졌던 '창작 활동'은 근본적인 전환기를 맞이하고 있다. 텍스트, 이미지, 음악, 영상까지 자동으로 생성해 내는 생성형 AI의 등장은 창작 주체와 창작 행위에 대한 오래된 질문들을 다시 불러온다. "무엇이 창작인가?", "누가 창작자인가?", "창작의 결과물을 우리는 어떻게 평가할 수 있는가?"와 같은 질문들이 그것이다.

인공지능과 예술 창작을 둘러싼 논의는 최근 몇 년 사이 폭발적으로 확장되었다. 회화와 음악 분야에서는 이미 AI가 제작한 작품이 전시회에 출품되거나 무대에서 연주되며, 'AI 예술'이라는 새로운 영역이 본격적으로 등장했다. 대부분의 연구가 회화(36.5%)와 음악(28.2%)에 편중되며, AI가 인간 예술가를 대체하거나 협업 파트너로 기능할 수 있는가에 초점을 맞추어 왔다(장예빛, 2022: 52). 그러나 문학, 특히 웹소설은 이러한 흐름에서 상대적으로 소외되어 왔다.

그 이유는 두 가지로 설명할 수 있다. 첫째, 웹소설은 새로운 연구 대상으로서 아직 학문적 지평이 충분히 마련되지 않았기 때문이다. 둘째, 예술계와 문학계에서 첨예하게 제기되는 "AI가 창작자인가?", "AI의 산출물이 예술 작품인가?"와 같은 질문들이 웹소설 영역에 들어오면 다소 모호해지기 때문이다. 웹소설은 '소비되는 대중 소설'로 자리매김해 왔고, 웹소설계는 장르적 오마주(hommage)와 클리셰(cliché)의 반복을 비교적 관대하게 받아들이는 장(場)이다. 이는 웹소설계가 원류가 되는 '인기작'의 '다시 쓰기'와 '클리셰 비틀기'가 반복적으로 시행되는 장이기 때문이다. 이런 점에서 웹소설계는 인공지능을 철학적 · 미학적 물음의 토대로 삼기보다는 훌륭한 '도구' 내지는 웹소설 창작의 새로운 지평을 열 기술 정도로 바라보는 경향이 강하다.

특히 공공연히 인공지능을 활용하여 기존 웹툰을 웹소설로 각색하는 데 활용했다거나, 유명 웹소설 작가가 스스럼없이 "자신은 로맨스를 해 본 적이 없어 인공지능의 도움을 받았다"(스튜디오사월, 2024)고 밝히고, 독자들이 웃었던 사건을 돌이켜 볼 때 더더욱 그러하다.

그리고 이러한 웹소설계의 인공지능에 대한 관심은 웹소설이 현재 거대 언어 모델(Large Language Model,

LLM)을 활용한 인공지능과의 궁합이 썩 좋다는 점과도 관련이 깊다. 웹소설은 장르적 규범이 뚜렷하고, 서사 구조가 비교적 단순하며, 무엇보다도 플랫폼을 통해 방대한 데이터가 축적된다는 특징을 지닌다. 다시 말해 웹소설은 AI가 학습하고 재창조하기에 최적화된 콘텐츠다. 동시에 웹소설은 독자와 작가, 플랫폼과 시장이 긴밀하게 얽힌 문화 생태계이기도 하다. 따라서 AI와 웹소설의 만남은 단순한 기술적 변화에 그치지 않고, 창작의 주체성, 독자의 역할, 콘텐츠 산업의 구조에 이르기까지 전방위적인 문제를 제기한다.

## 웹소설의 위상과 AI의 만남

오늘날 웹소설은 더 이상 변방의 문학이 아니다. 국내 "웹소설 시장은 이미 1조 원 규모를 돌파"(박성준, 2024: 162)했으며, 중국에서는 "3억 명 이상의 독자가 웹소설을 소비하는 것으로 추정"(박성준, 2024: 172)된다. 《전지적 독자 시점》, 《나 혼자만 레벨업》 같은 작품들은 웹툰, 영화, 애니메이션으로 확장되며 OSMU(one source multi-use)와 트랜스미디어의 원천 소스로 자리 잡았다. 이처럼 웹소설은 21세기 문화 콘텐츠 산업의 중심축이자 새로운 스토리텔링 실험의 장으로 부상하였다.

흥미로운 점은 웹소설의 장르적 특성과 산업적 속성이 AI와의 접목을 자연스럽게 이끈다는 것이다. 웹소설은 플랫폼 상위권에 등장한 성공작을 모델로 삼아 수많은 아류작을 양산하는 방식으로 발전해 왔다. 이는 곧 장르적 규범을 공고히 하고, AI가 이를 학습·모방하기 쉽게 만든다. 또한 웹소설은 조회 수, 연독률, 선호작 수 등 객관적인 수치로 작품의 성공을 가늠할 수 있어 AI가 창작 데이터를 축적하고 최적화하기에 적합하다(하철승, 2021: 1025~1028).

웹소설 플랫폼은 이미 수백만 명의 독자와 수십만 명의 창작자가 활동하는 거대한 장터다. 그리고 수치적으로 명확히 드러나지는 않지만 AI는 창작의 보조 도구로 적극적으로 활용되고 있다. 실제로 작가들은 배경 자료를 조사하거나, 문장을 교정하거나, 특정 장르의 클리셰를 점검하는 데 AI의 도움을 받는다. 독자들 또한 AI를 활용한 패러디, 2차 창작, 인터랙티브 스토리텔링에 참여하며 웹소설 소비 방식을 확장시키고 있다.

이 책은 바로 이러한 상황적 맥락에서 출발한다. 오늘날 거대 언어 모델을 기반으로 한 생성형 인공지능은 웹소설 창작의 전 과정에서 점차 영향력을 확대하고 있다. 그러나 아직까지 그것이 웹소설이라는 구체적 장르에서 어떻게 기능하는지, 또 어떤 가능성과 한계를 지니는지에 대한 체계적인 분석은 충분히 이루어지지 않았다. 지금까지의 논의가 주로 "AI가 문학을 쓸 수 있는가"라는 추상적 물음에 머물렀다면, 이 책은 보다 실질적으로 현재 AI가 웹소설 창작에서 어떤 역할을 수행할 수 있는지를 구체적으로 살펴보고 정리하고자 한다.

우선 현재 웹소설 생태계 안에서 AI가 어떻게 활용되고 있는지를 면밀히 검토한다. 이미 여러 작가와 플랫폼 관계자들은 AI를 보조 도구로 활용하고 있으며, 기획이나 자료 조사, 문장 교정, 장면 묘사, 나아가 독자 맞춤형 서비스까지 다양한 가능성을 실험하고 있다. 실제 웹소설 창작 과정에서 AI가 어떻게 활용될 수 있는지 정리하고, 그 한계에 대해 논의한다. 이를 위해 '웹소설이 무엇인가'에 대한 개념적 논의에서부터 시작하여 웹소설계에서 오늘날 생성형 AI를 왜 주목해야 하는지에 대해 이야기할 것이다.

그리고 현재 웹소설계에서 AI 활용을 위한 다양한 시도를 AI 웹소설 창작 플랫폼을 중심으로 이야기해 보고, 현재 AI 기술을 창작에 어디까지 활용할 수 있는지, 그리고 어떤 한계를 지는지에 대해 논의한다. 그리고 현재 AI 기술을 웹소설 창작에 적극적으로 활용하기 위해선 어떠한 산을 넘어야 하는지, 그리고 무엇이 필요한지에 대해 이야기하겠다.

다음으로 AI가 웹소설 창작에 미칠 잠재적 영향을 비판적 시각에서 조망한다. AI는 장르 규범을 빠르게 재현하고, 클리셰를 효율적으로 변주하며, 작가와 독자의 관계를 변화시키는 새로운 매개로 작동할 수 있다. 그러나 동시에 저작권 문제, 창작자 정체성의 위기, 창작 과정의 획일화, 독자 경험의 피상화 등 해결해야 할 과제 역시 분명히 존재한다. 따라서 이 책은 AI와 웹소설의 결합이 단순한 기술적 혁신이 아니라, 새로운 창작 규범과 문화 질서를 만들어 가는 과정임을 강조하고자 한다. 궁극적으로 웹소설과 인공지능의 만남을 통해 독자와 연구자, 그리고 창작자 모두가 함께 사유할 수 있는 출발점을 제공하려 한다.

## AI 글쓰기 기능과 웹소설 창작

생성형 AI가 문학 창작에 개입하는 방식은 크게 두 가지 차원에서 논의될 수 있다. 하나는 "AI가 독립적인 창작 주체가 될 수 있는가"라는 존재론적 · 철학적 물음이고, 다른 하나는 "AI가 인간 창작을 어떻게 보조할 수 있는가"라는 도구적 · 실용적 차원이다. 지금까지의 논의가 전자에 집중해 왔다면 웹소설이라는 구체적 장르는 후자의 관점에서 특히 주목할 만하다.

웹소설은 전통적인 문학 장르와 달리, 독자와 시장을 중심으로 발전해 온 특수한 장르적 생태계를 갖는다. 판타지, 무협, 로맨스와 같은 큰 범주의 장르뿐만 아니라 '회귀물', '이세계물', '사이다물'과 같이 특정한 서사적 모티프에 기반한 세분화된 하위 범주들이 폭넓게 통용된다. 이러한 태그(~물) 체계는 독자와 작가가 공유하는 일종의 규범적 코드로 작동하며, 텍스트의 의미 생산 과정에서 장르적 문법을 강화한다.

시모어 채트먼(Seymour Chatman)이 말한 바와 같이, 서사는 형식(form)과 내용(content), 그리고 그것을 매개하는 규범(convention)에 의해 구성된다(Chatman, 1980). 웹소설의 규범은 전통적 문학보다 훨씬 더 시장적 · 플랫폼적 맥락과 긴밀히 연결되어 있으며, 특정 장르의 성공이 즉각 아류작의 양산과 새로운 클리셰의 정착으로 이어진다.

웹소설 창작은 기획에서 집필, 수정, 교정에 이르는 일련의 과정 속에서 반복적이고 규범화된 작업을 필요로 한다. 이 과정에서 AI는 여러 단계에서 작가의 부담을 줄이고 창작의 효율성을 높이는 역할을 한다. 예를 들어,

기획 단계에서는 독자들에게 인기 있는 트렌드나 클리셰를 탐색하고, 특정 장르의 장면 전개 방식을 빠르게 제안할 수 있다. 취재 단계에서는 변호사나 의사, 검사와 같은 직업의 일상, 특정 지역의 배경 정보 등 사실성을 확보하기 위한 조사를 지원한다. 교정·교열 단계에서는 문법적 오류를 바로잡는다. 특히 웹소설은 작가의 문체와 문학적 형식보다 가독성이 중요하게 작용하는 콘텐츠이기 때문에 활용도가 높다.

묘사의 영역에서는 AI가 장면을 시각적·감각적으로 확장하는 데 활용될 수 있다. "판타지 궁전의 내부를 묘사해 줘"와 같은 요청에 따라 AI는 다양한 문체적 변주를 제공함으로써 작가의 표현 스펙트럼을 넓히는 데 도움을 준다. 나아가 공동 창작 단계에서는 작가가 AI와 릴레이 형식으로 이야기를 이어가며, 예상치 못한 전개를 탐색하는 실험적 협업이 가능하다.

이러한 활용 방식은 웹소설이 지닌 콘텐츠적 성격과도 밀접하게 연결된다. 웹소설은 본래 독자와의 소통, 시장 반응, 그리고 플랫폼의 데이터에 민감하게 반응하는 장르이기 때문이다. 다시 말해, 웹소설 창작에서 인공지능이 주목받는 지점은 미려한 문체나 세련된 글쓰기가 아니라 이야기를 직조(織造)하고 규범적 흐름과 독자의 욕구를 정확히 파악하는 능력에 있다. 그렇기에 AI는 단순히 창작 과정의 반복적 노동을 대체하는 수준을 넘어, 웹소설의 새로운 지평을 열 수 있는 잠재력을 지닌다.

즉, 인공지능은 글쓰기 보조 도구에 머무르는 것이 아니라, 디지털 환경에서 글을 쓰고 읽는 '행위' 자체를 새롭게 확장할 수 있는 가능성을 보여 준다. 이러한 가능성은 현재 운영되고 있는 AI 기반 웹소설 창작 플랫폼들이 어떠한 방식으로 발전하고 있으며, 또 어떤 도전에 직면해 있는지를 살펴봄으로써 보다 구체적으로 이해할 수 있을 것이다.

## AI 웹소설 창작 플랫폼의 유형과 의의

AI와 웹소설의 접점은 단순히 개별 작가가 글쓰기 도구로 AI를 활용하는 차원에 머물지 않는다. 최근에는 플랫폼 자체가 AI를 창작 시스템에 결합하는 방식으로 발전하고 있다. 이는 작가의 개인적 활용을 넘어, AI 기술을 공유하고 향유하는 커뮤니티와 디지털 공간을 마련하려는 시도라 할 수 있다. 동시에 저작권과 관련된 문제를 최소화하려는 노력의 일환이기도 하다.

AI 웹소설 창작 플랫폼은 크게 두 가지 방향으로 나눌 수 있다. 하나는 향유자 중심 플랫폼이고, 다른 하나는 창작자 중심 플랫폼이다. 이 두 유형을 살펴봄으로써 현재 AI 기술이 웹소설을 '창작'하고 '향유'하는 방식에 어떤 새로운 지평을 열 수 있는지, 그리고 그 한계와 과제가 무엇인지 가늠할 수 있다.

향유자 중심 플랫폼은 AI를 활용해 독자가 서사 전개 과정에 능동적으로 개입하도록 설계된다. 예컨대 독자가 특정 상황에서 인물의 행동을 선택하면, AI가 그 선택을 반영해 이야기를 즉각 변주한다. 이는 전통적인 웹소설의 일방향적 전달 방식을 넘어, 인터랙티브 스토리텔링과 게임적 상호 작용을 가능하게 한다. 이 유형에서 AI는 완성된 이야기를 제공하는 작가가 아니라, 독자의 선택을 실시간으로 반영하여 새로운 경험을 창출하는 서사적 촉매로 기능한다. 따라서 작품의 완결성보다는 향유 과정의 다양성이 강조되며, 이때의 AI는 창작 도구라기보다 게임의 시스템 혹은 TRPG(Tabletop Role-Playing Game)의 '던전 마스터'처럼 작동한다. 즉, 글쓰기라는 행위가 AI를 통해 '놀이'로 변모하는 것이다.

반면 창작자 중심 플랫폼은 AI를 작가의 보조 도구로 위치시킨다. 줄거리 개요 작성, 특정 장면 묘사, 문장 교정 등과 같은 기능을 제공하여, 작가가 보다 효율적으로 창작할 수 있도록 돕는다. 다만 이러한 기능은 기존의 챗지피티(ChatGPT)나 제미나이(Gemini)와 같은 범용 모델을 활용하는 것과 크게 다르지 않으며, 단지 창작 과정에 맞게 기능과 범주를 구분해 편의성을 높여 준다는 특징을 갖는다. 즉, 프롬프트를 시각화하는 수준을 넘어서는 혁신적 기능을 제공한다고 보기는 어렵다. 그러나 이들 플랫폼은 단순한 보조 도구에 그치지 않고, 창작된 웹소설을 게재하고 소비할 수 있는 시장으로도 작동한다는 점에서 유의미하다.

이런 점에서 AI와 웹소설의 결합은 단순히 새로운 도구의 도입을 넘어, 창작과 향유의 구조 자체를 변화시키는 과정으로 이해할 수 있다. 향유자 중심 플랫폼은 독자의 참여 방식을 확장시키며 웹소설의 향유 문화를 바꾸고, 창작자 중심 플랫폼은 창작 효율성을 높이는 동시에 장르 규범을 강화하는 양면성을 드러낸다. 이러한 두 흐름은 서로 다른 방향을 지향하는 듯 보이지만, 공통적으로 웹소설 생태계에 새로운 규칙을 도입하고 기존의 질서를 재편한다는 점에서 중요한 의미를 가진다.

따라서 이제는 기술적 현상이나 산업적 사건의 단순 나열이 아니라, AI와 웹소설이 맺는 관계를 학문적 · 문화적 맥락 속에서 성찰하는 일이 필요하다. 웹소설은 본래 독자 · 작가 · 플랫폼 · 시장이라는 복합적인 생태계 속에서 발전해 온 장르이기에 AI와의 만남은 더욱 다층적인 의미를 띤다. 바로 이런 지점에서 이 책의 문제의식이 출발한다.

## 이 책이 다루고자 하는 것들

이 책은 AI 시대에 웹소설을 창작하는 과정에서 인공지능을 어떻게 활용할 수 있는가에 대한 실질적인 가이드라인을 제시하고자 한다. 현재 많은 창작자들이 AI를 보조 도구로 실험하고 있지만, 그것이 어떤 단계에서 효과적으로 활용될 수 있으며, 또 어떤 한계에 부딪히는가에 대한 체계적인 정리는 여전히 부족하다. 따라서 이 책은 웹소설 창작 과정에서 AI가 수행할 수 있는 역할을 구체적으로 분석하고, 실제 창작자들이 참고할 수 있는 방향을 제안하고자 한다.

동시에 우리는 거대 언어 모델 기반 AI가 웹소설 창작에서 직면하는 구조적 한계를 분명히 지적하려 한다. 현재 AI는 장르적 맥락을 깊이 이해하기보다는 패턴을 반복하는 데 강점을 지니며, 인물의 심리적 층위나 사회적 코드의 미묘한 함의를 충분히 재현하지는 못한다. 따라서 AI의 활용을 제대로 논의하기 위해서는 웹소설 창작을 지탱해 온 장르 연관 개념[예: 태그(~물)], 사회적 코드, 그리고 장르적 규범에 대한 고찰이 선행되어야 한다고 사료된다. AI는 이 규범적 맥락을 통해서 웹소설의 문법을 온전히 학습하고, 창작자와 독자에게 의미 있는 결과물을 제공할 수 있을 것이라 판단하기 때문이다. 이는 웹소설이 누군가의 순수한 창작물이라기보다 웹소설계에서 형성된 작가와 독자들의 '욕망'과 '욕구'로 조형(造形)된 산물이기 때문이다(히로키, 2012: 34).

이런 이유에서 이 책은 무엇보다도 웹소설에 대한 개념적 · 계보적 이해를 출발점으로 삼고자 한다. 웹소설이 어떤 역사적 · 문화적 과정을 거쳐 현재의 장르 체계를 구축했는지, 그리고 독자와 시장이 어떤 방식으로 그 발전에 기여했는지를 먼저 살펴보고, AI가 웹소설 창작에 어떻게 접속할 수 있는지, 그 과정에서 어떤 가능성과 과제를 드러내는지 논의할 것이다.

이를 통해 독자는 단순히 "AI가 글을 쓴다"는 흥미로운 사실을 넘어, AI와 웹소설의 만남이 어떤 규범과 코드 위에서 작동하는지, 그리고 그것이 앞으로의 창작 문화를 어떻게 바꿔 나갈지를 고찰할 수 있을 것이다. 궁극적으로 이 책이 독자와 창작자, 연구자 모두가 함께 AI 시대의 웹소설을 이해하고, 앞으로 다가올 창작 문화의 새로운 지평을 모색하는 데 길잡이가 되었으면 한다.

## 참고문헌


고정민·박미연(2023). "인공지능 기술이 문화예술에 미치는 영향에 대한 인식 유형 연구". 《한국콘텐츠학회논문지》, 23(6), 248~259쪽.

김남중(2023.9.7). "웹소설 매출 1조원 넘고 587만명 이용… 문체부 첫 실태조사". 《국민일보》. https://www.kmib.co.kr/article/view.asp?arcid=0018645285

김준현(2023). "AI시대의 도래와 웹문예창작/교육". 《돈암어문학》, 44, 129~161쪽.

박성준(2024), 《한국 MZ세대의 웹소설 소비 연구》, 한국외국어대학교 박사학위논문.

스튜디오사월(2024.9.18). "[인터뷰] 드라마 〈밤이되었습니다〉 AI 웹소설 각색 작가 안소정 인터뷰 후기/AI는 어떻게 예술이 되는가". https://blog.naver.com/seenario/223587317772

이승환(2016.8.10). "[중국업종] 3천년 중국문학 스마트폰만나 르네상스, '웹소설 열풍'". 《뉴스핌》. https://news.nate.com/view/20160810n35266

이형권(2021). "인공지능 문학의 예술적 정체성 문제". 《현대문학이론연구》, 85, 173~197쪽.

장예빛(2022). "인공지능 예술 및 인공지능 창작에 관한 국내 연구 동향". 《한국콘텐츠학회논문지》, 22(12), 52~63쪽.

하철승(2021). "웹소설 플랫폼 지표분석을 통한 흥행작품 특징 연구 – 문피아를 중심으로". 《인문사회 21》, 12(3), 1019~1031쪽.

東浩紀(2001). *動物化するポストモダン*. 講談社現代新書. 이은미 옮김(2007). 《동물화하는 포스트모던》. 문학동네.

東浩紀(2007). *ゲーム的リアリズムの誕生*. 講談社. 장이지 옮김(2012). 《게임적 리얼리즘의 탄생》. 현실문화연구.

01

# AI 시대의 창작 환경 이해하기

"AI의 시대가 도래했다." 최근 미디어에서 가장 빈번하게 등장하는 문구 가운데 하나다. AI는 더 이상 연구실 속 기술이 아니라, 대중이 일상적으로 접하는 문화적 사건이 되었다. AI는 이제 인간이 고유하다고 믿었던 창작과 지식 생산의 방식을 전방위로 흔들고 있다.

기후 위기와 인공지능?

## 오늘날 AI 시대는 생성형 AI와 함께한다

최근 미디어에 AI의 시대가 도래했다는 식의 표현이 심심찮게 등장할 정도로 AI에 대한 관심이 높아졌다. 이런 현상은 오픈AI(OpenAI)에서 개발한 생성형 인공지능(Generative Pre-trained Transformer, GPT) 기반의 대화형 AI인 ChatGPT가 각광을 받으면서부터 본격화되었다.

ChatGPT는 GPT-3.5기반으로 OpenAI에서 출시한 대화형 챗봇이다(정단호 외, 2023: 22). ChatGPT는 거대 언어 모델을 기반으로 대량의 텍스트 데이터를 학습하여 문맥을 이해하고 인간과의 대화에서 의미를 파악하는 데 중점을 둔다(Feng et al., 2023: 1). 이는 ChatGPT가 사람과 자연스러운 대화를 하고 질문에 답하거나 정보를 제공하기 위한 것이기 때문이다. ChatGPT는 사용자와의 커뮤니케이션을 통해 사용자에게 적절한 정보를 제공하며, 이러한 AI와의 커뮤니케이션은 단순히 정보를 검색해서 제공하는 것에서 그치는 것이 아니라, 정보를 재가공하고 창작하는 데까지 확장한다. 즉 알파고가 인간보다 AI가 뛰어남을 보여 주었다면, ChatGPT는 인간의 실생활에서 AI를 도구로 활용할 가능성을 보여 주었다.

## 생성형 AI의 확산과 구글의 최신 기술

ChatGPT를 필두로 미드저니(Midjourney), 달리(DALL-E)와 같은 이미지 생성형 AI, 소라(SORA)와 같은 영상 생성형 AI, 스노(SUNO)와 같은 음원 생성형 AI 등 다양한 생성형 AI들이 등장하며 시대의 변곡점을 만들어 내고 있다.

최근 구글(Google) I/O에서는 Gemini 2.5, 비오 3(Veo 3), 젬마 3(Gemma 3), 지니 3(Genie 3) 등 차세대 모델을 연이어 공개하며 생성형 AI 기술의 빠른 발전 속도를 실감하게 했다. Gemini 2.5는 텍스트 · 이미지 · 영상 · 음성을 동시에 처리하는 멀티모달 모델로 한층 강화된 추론 능력을 보여 주었으며, Veo 3은 텍스트 프롬프트만으로 고해상도 영상을 생성해 영상 제작의 새로운 지평을 열었다. 또한 오픈 소스(open source) 경량 모델인 Gemma 3은 다국어와 멀티모달 입력을 지원해 개발자와 연구자의 활용 폭을 넓혔고, Genie 3은 텍스트만으로 인터랙티브 가상 환경을 생성하는 '월드 모델'로서 AI가 범용 인공지능(Artificial General Intelligence, AGI)에 다가가는 경로를 제시했다. 더불어 구글 검색에 도입된 AI Mode는 복잡한 다중 질문에도 종합적이고 창의적인 답변을 제공함으로써 검색 경험과 지식 생산 방식을 혁신하고 있다.

특히 이러한 생성형 AI의 등장은 노동 집약적인 산업인 문화 콘텐츠 산업에 큰 영향을 미치고 있다.

## 문화 콘텐츠에서 AI의 활용

2023년 12월 8일, 국립중앙도서관의 데이터 활용 콘텐츠 제작 공모전 시상식에서 〈문헌의 흔적: 고전소설 웹툰 프로젝트〉가 최우수상을 수상하였다. 이 프로젝트의 핵심은 고전 소설을 현대적인 웹툰 형식으로 재해석하는 과정에서 DALL-E, ChatGPT와 같은 AI 도구들을 창의적으로 활용하는 것이었다(박성혜, 2024: 25). 또 이현세 AI 프로젝트와 같이 "작가와 협업하여 기존의 만화를 AI를 통해 리메이크하려는 시도"(김경윤, 2024)가 이루어지기도 하고, "일본 신쵸사는 Midjourney를 통해 그린 만화책 《사이버펑크 모모타로》를 출간"(이영관, 2023)하기도 하였다.

유튜브(Youtube)에서는 이미지 생성형 AI를 활용한 영상이 만들어지고 있으며, AI를 활용한 합성 음성이나 음원이 만들어지고 있다. 심지어 한 게이머가 게임 디렉터를 풍자하기 위해 만든 노래가 큰 인기를 끌면서 디렉터의 이름을 딴 '창팝'이란 장르를 만들어 내기도 하였다.

심지어 AI가 실시간 인터넷 방송을 진행하기도 한다. 대표적인 AI 버튜버(virtuber)로 뉴로-사마(Neuro-sama)가 있다. 뉴로-사마는 딥 러닝 기반 게임 인공지능, 텍스트 응답을 생성하는 챗봇, 가상의 목소리를 생성하는 음성 합성 엔진 및 Live2D 모델링을 결합하여 만들어졌다. AI 개발자인 Vedal987은 대규모 언어 모델을 사용하여 뉴로-사마의 반응을 생성하고, 그녀의 독특한 "귀여운 목소리"를 만들기 위해 텍스트 읽기 소프트웨어를 통합했다(Chen, 2024). 이제 AI는 도구로서 AI가 '활용'되는 것이 아니라 전면에서 인간과 대면하고 소통하는 존재가 된 것이다.

오디오 드라마 〈어서 오세요, 휴남동 서점입니다〉는 주연 배우를 포함해 총 19명이 대사를 녹음하고, 그 중 8명을 AI가 맡아 기존의 녹음본을 분석하여 녹음되지 않았던 대사를 생성했다. 또한, 오리지널 사운드트랙(Original Sound Track)은 AI 기술을 이용해 테이의 〈같은 베개〉를 재해석하여 제작되었다(임대준, 2022).

영상 콘텐츠에서도 생성형 AI를 활용하여 콘텐츠를 제작하는 데 적극적인 모습을 보이고 있다. 전 세계에 수많은 AI 영화제가 만들어지기 시작했으며, 광고 분야에서는 AI를 통해 광고가 제작되었다는 점을 마케팅으로 활용하기도 한다. 삼성생명의 광고 〈좋은 소식의 시작, 삼성생명〉에서는 첫 장면에 'AI에게 물어보았습니다'라는 문구와 모든 이미지와 배경 음악은 인공지능으로 제작하였다고 밝히며 사람들의 관심을 모았다. 〈오늘의 씽큐 캠페인〉은 지역과 날씨 및 관심사에 맞춘 기본 광고 24편의 데이터를 조합해, 각각 다른 정보가 담긴 300여 편의 광고를 만들어 날마다 개개인에 알맞게 제공했다(김병희, 2020: 100).

코카콜라(Coca-Cola)는 2023년 3월에 오픈AI, 그리고 Bain & Company와 함께 생성형 인공지능을 이용한 〈Creative Real Magic〉이라는 마케팅 광고를 진행했다. 위 광고에서는 앤디 워홀(Andy Warhol)을 포함한 다양한 예술가들의 그림체를 활용하여 〈masterpiece〉 캠페인을 진행했는데 전 세계에서 에마 소피자(Emma Sofija), 크리스 브랜치(Chris Branch), 폴 파슨스(Paul Parsons), 이언 화 후악(Ean Hwa Huag) 등 유럽과 아시아의 예술가들이 참여했다. 결과적으로 20개 정도의 예술 스타일로 100개의 이미지를 만들어 냈다.

2024년 12월 11일 한국 최초로 생성형 AI로 제작된 영화 〈엠호텔〉이 개봉되고, 12월 24일에 〈나야, 문희〉가

개봉되면서, 그동안 실험 단계에 머물던 AI 영화의 상업화 가능성을 보여 줬다. 애니메이션 틱톡커(Tiktoker) 히나히마(ひなひま)를 모티프로 제작한 일본의 오리지널 애니메이션 〈트윈즈 히나히마〉는 2025년 4월 공개 예정으로 95%의 신(scene)을 AI를 이용해 제작될 것이라고 알려졌다.

게임계에서는 〈언커버 더 스모킹 건(Uncover the Smoking Gun)〉과 같이 생성형 AI를 연동한 게임이 제작될 뿐만 아니라, 게임 제작 전반에 적극적으로 생성형 AI를 활용하고 있다. 예를 들어, 생성형 AI가 작성한 프롬프트로 마을, 몬스터와 NPC(Non-Player Character, 게임에서 사람이 직접 조작하지 않는 캐릭터)를 만들고 퀘스트(quest)를 생성하는 것이 시도되고 있다(신동윤, 2025). 게임 기획과 관련해서 AI는 게임의 각 요소에 대한 파라미터와 NPC 생성 등에 이용되고 있다. 또한 게임 아트와 관련해 이미지 리소스 생성이나 애니메이션 데이터 생성 등에 사용되고 있으며, 프로그래밍 코드 생성에 활용되고 있다(신동윤, 2025). 이를 통해 게임 기획 업무의 60~70%를 차지하는 수십만 개의 파라미터 생성과 관리에 AI를 적용하며 업무 부하를 크게 줄이고, 기획에 드는 시간을 절감할 수 있게 됐다(신동윤, 2025).

## AI 창작 교육의 필요성

생성형 AI에 대한 학계와 산업의 관심은 뜨겁지만, 정작 학생들이 AI를 활용해 문화 콘텐츠를 직접 기획하고 제작하는 방법을 배우는 기회는 여전히 부족하다. 현재 교육 현장에서 다루어지는 연구와 커리큘럼은 주로 "AI를 어떻게 기존 수업에 접목할 것인가"에 초점이 맞추어져 있다. 그러나 학생들이 실제로 AI를 활용해 웹소설, 영상, 애니메이션 같은 콘텐츠를 처음부터 끝까지 기획 · 제작하는 과정을 배우는 교육은 거의 이루어지지 않는다.

물론 학원이나 단행본, 유튜브 등을 통해 "특정 AI 프로그램 사용법"을 알려 주는 자료들은 많다. 하지만 그것은 단일 도구의 기능 소개에 머무를 뿐, 다양한 AI 도구들을 유기적으로 결합하여 하나의 콘텐츠를 완성하는 총체적 제작 교육은 찾아보기 어렵다.

이 공백을 잘 보여 주는 사례가 2024년 중국에서 제작된 AI 단편 애니메이션 〈서유기: 미후왕의 탄생〉이다. 한 개인이 ChatGPT, Midjourney, 런웨이(Runway), AI 더빙 등 여러 생성형 AI를 활용해 캐릭터, 배경, 채색, 음향까지 모두 구현하고, 단 5일 만에 7분짜리 애니메이션을 완성했다. 이 작품은 "기획(스토리 보드와 캐릭터 설정) → 제작(이미지 · 영상 생성) → 후반 작업(음향 · 더빙)"까지의 전 과정을 AI만으로 해낸 결과였다. 이는 콘텐츠 제작 현장에서 AI 활용 능력이 단순히 특정 프로그램을 아는 것을 넘어, 여러 기술을 종합적으로 엮어 내는 능력임을 보여 준다.

이런 점에서 향후 문화 콘텐츠 교육은 'AI 활용법'을 넘어서, 다양한 생성형 AI를 결합해 하나의 완성된 창작물을 만드는 통합적 교육으로 발전해야 한다. 그래야만 학생들이 단순히 소비자가 아니라, AI 시대의 새로운 창작자로 성장할 수 있을 것이다.

### 참고문헌


김경윤(2024.10.31). "이현세 "까치·엄지·마동탁의 영생을 위해 AI와 손잡아"". 《연합뉴스》. https://www.yna.co.kr/view/AKR20241031139100005

김병희(2020). "인간의 상상력과 인공지능의 절묘한 조합, '뉴칼라' 광고 낳는다". 《신문과방송》, 598, 98~105쪽.

박성혜(2024). "AI와 디지털 문화 산업의 결합에서 저작권 및 윤리적 규범 준수의 필요성 연구". 《AI와 인간사회》, 5(1), 23~37쪽.

이영관(2023.3.30). "이제는 소설·만화까지… AI가 쓰고 그린 책들이 쏟아진다". 《조선일보》. https://www.chosun.com/culture-life/culture_general/2023/03/30/V3T2U7EKINGLPOV7UKQHINJ3QE/

임대준(2022.10.16). "첫 AI 오디오 드라마 등장, '어서 오세요,

휴남동 서점입니다.'". 《AI 타임스》.
https://www.aitimes.com/news/articleView.html?idxno=147166

정단호 외(2023). "초거대 인공지능 생성 모델 동향 연구". 《한국통신학회지(정보와통신)》, 40(6), 22~28쪽.

Chen, S.(2023.11.7). "AI 버튜버의 등장: 인터랙티브 게임 스트리밍의 새로운 시대". 《MSI》, https://kr.msi.com/blog/the-rise-of-ai-vtubers-new-era-of-interactive-game-streaming

Feng Y. et. al.(2023). "Investigating code generation performance of ChatGPT with crowdsourcing social data". *2023 IEEE 47th Annual Computers, Software, and Applications Conference (COMPSAC)*, pp.876~885.

## 02
# 웹소설의 본질

만화가 웹툰으로, 장르소설이 웹소설로 변모했다. 웹소설은 플랫폼 시대의 대표적 소비 문학으로 자리 잡으며, 기존 장르소설의 문화를 계승하는 동시에 플랫폼의 매체성과 특징을 흡수한 새로운 서사 형식이다.

노래하는 AI 보컬?

## 웹소설 및 문예 창작에서 AI

최근 AI와 웹소설의 결합이 활발히 이뤄지고 있다. 웹소설 창작의 경우, 이청분은 《챗GPT와 웹소설 쓰기》와 같은 생성형 AI를 활용한 웹소설 창작 가이드북을 출판했으며, 안소정은 드라마 〈밤이 되었습니다〉를 AI를 활용하여 웹소설로 각색하기도 하였다.

플랫폼 차원에서도 ChatGPT나 Gemini 등을 활용한 전문 플랫폼의 등장이 주목된다. 크게 작가가 아닌 웹소설을 읽는 독자들을 대상으로 한 '향유자 중심의 플랫폼'과 웹소설 창작의 기획과 교정의 보조 도구로 활용되는 '작가 중심의 플랫폼'이 있다. 이와 더불어 "AI가 만들어낸 창작의 결과물을 문학 작품으로 인정할 수 있는가에 대한 연구"(김준현, 2023: 131)와 "실제로 AI가 수행한 창작 활동이 어떠한 결과물을 도출해 내는지, 그 양상과 결과물에 대한 연구"(김준현, 2023: 131)를 중심으로 문예 창작과 관련한 연구 또한 활발하게 이루어지고 있다. 이처럼 AI와의 결합이 활발히 논의되는 지금, 우리는 근본적인 질문으로 돌아가야 한다. 그렇다면 웹소설이란 무엇인가?

## 웹소설의 등장과 용어의 정착

'웹소설'이라는 용어가 본격적으로 사용되기 시작한 것은 2013년 1월, 네이버(Naver)가 '네이버 웹소설' 서비스를 개시하면서부터다. 기존의 '웹툰'에서 착안해 '웹소설'이라는 이름을 붙였고, 이후 다양한 전문 플랫폼에서 이 명칭을 사용하면서 자연스럽게 자리를 잡았다(최준란, 2017: 87).

그 이전에는 '웹소설'이라는 말 대신 '인터넷 소설'이라는 표현이 주로 쓰였다. 2000년대 초반, 인터넷 카페나 블로그를 중심으로 연재된 작품들이 바로 그것이다. 이 인터넷 소설의 뿌리는 더 멀리 올라가면 1990년대 미국에서 유행했던 하이퍼 픽션(hyper fiction)이나 팬 픽션(fan fiction)과 같은 새로운 서사 실험들과 연결된다(박인성, 2012: 92).

해외에서는 웹소설을 지칭하는 용어들이 조금씩 다르다. 미국에서는 전통적으로 '웹 픽션(web fiction)'이라는 말을 사용하였다. 이 말은 인터넷 기반으로만 읽을 수 있는 소설을 의미하는데, 최근에는 미국 웹소설 플랫폼 '래디쉬(Radish)' 등이 성장함에 따라 '웹 노블(webnovel)'이란 표현이 사용되고 있다(Wolf, 2025). 중국에서는 '인터넷 문학(网络文学)'이라는 표현이 보편적인데, 이는

"네티즌들이 온라인에서 창작하고, 인터넷을 통해 발표하며, 독자들과 공유하는 새로운 문학 형식"을 가리킨다(이건웅 · 위군, 2017). 일본에서는 '온라인 소설(オンライン小説)'이나 휴대폰을 통한 '핸드폰 소설(携帯小説)'이라는 명칭이 널리 사용된다(한혜원 · 김유나, 2015).

이렇듯 명칭은 조금씩 다르지만 공통적으로 디지털 환경에서 읽히고 소비되는 새로운 소설 형식을 가리킨다는 점은 같다.

## 한국 웹소설의 기원과 발전

이건웅과 위군(2017: 161)은 한국 웹소설의 시작을 1990년대 말의 PC 통신 문학으로 보고 있다. 즉 한국 웹소설의 기원을 《퇴마록》, 《드래곤라자》, 《세월의 돌》과 같은 1990년대 장르소설에서 찾는 것이다. 또 웹소설의 장르적 양식에 비추어, PC 통신 문학 이전의 대중소설로부터 웹소설의 뿌리를 찾는 시각도 있다. 예컨대 1961년 경향신문 연재를 통해 무협소설 장르를 소개한 김광주의 《정협지》, 해적판으로 소개된 중국 무협소설 《영운문》, 추리 · 스릴러 · 호러 · 판타지 소설, 신문 연재소설 등에서 웹소설의 기원을 찾기도 한다(고훈, 2018). 이 경우 웹소설은 기존 대중문학이 인쇄매체에서 웹 형태로 재매개된 유형으로 이해된다. 리얼리즘 중심의 본격문학이 인쇄 매체에서 성장했다면, 장르적 색채가 강한 대중문학은 웹이라는 새로운 공간을 통해 비로소 활성화되었다는 것이다.

웹소설 창작 관련 저서들 또한 이러한 시각을 공유한다. 김준현(2019: 117)은 '장르'에 대한 소양이 웹소설 창작과 감상에 매우 중요한 능력이라 말하며, 박수정(2016: 20)은 웹소설을 장르소설의 한 형태로 보면서 "종이책 출간을 목표로 하느냐, 플랫폼 연재를 목표로 하느냐"의 차이만 있을 뿐이라고 설명한다. 김휘빈(2020: 27) 역시 웹소설을 "인터넷 소설, 연재소설, 장르소설"이라는 세 가지 속성을 모두 지닌 개념으로 정의한다. 즉 웹소설은 기본적으로 인터넷에서 연재되는 장르소설이라는 것이다.

이러한 관점은 한국의 웹소설이 기존 장르소설의 특징을 계승했다는 점을 잘 보여 준다. 실제로 도서 대여점을 중심으로 형성된 장르소설의 작가와 독자층은 웹소설 플랫폼으로 이동하여 새로운 시장을 형성했다. 따라서 웹소설을 장르소설과 동의어로 보는 시각도 존재한다. 웹소설이 강력한 장르적 문법과 규범을 따르는 이유도 여기에 있다.

웹소설이 기존의 한국 장르소설을 계승했다는 관점은 엄밀하지는 않지만 웹소설이 남성향 웹소설과 여성향 웹소설로 분화한다는 점에서도 나타난다. 남성향 웹소설은 주로 무협 · 판타지 장르에서 발전했으며, 힘과 성장, 전투와 모험에 초점을 둔다. '문피아', '조아라' 같은 플랫폼이 대표적이다. 여성향 웹소설은 로맨스 · 로맨스판타지 · BL 등에서 발전했으며, 관계와 감정, 매력적인 캐릭터 간의 상호 작용이 중심이다. '네이버 웹소설', '로망띠끄' 등이 대표적이다. 이러한 구분은 단순히 성별 독자의 차이가 아니라, 기존 장르소설의 계보가 웹소설로 이어지면서 형성된 문화적 코드라고 할 수 있으며, 기존의 장르소설계의 문화를 계승했음을 보여 준 것이기도 하다.

웹소설은 장르적이라는 점에서, 그리고 상업적이라는 점에서 ChatGPT와 같은 대량의 텍스트를 학습하여 재창조하는 거대 언어 모델 AI를 활용하기 유리한 콘텐츠다.

그런데 웹소설은 단순히 장르소설이 온라인으로 옮겨진 버전에 머물지 않는다. 플랫폼이라는 새로운 환경은 웹소설에 고유한 특징을 부여했다. 예컨대 한 화 5000자 내외의 짧은 호흡을 가진 연재 구조, 댓글과 작가의 말

등을 통한 즉각적인 작가-독자 간 상호 작용, 디지털 플랫폼을 기반으로 한 새로운 수익 구조 등은 웹소설만의 독창적 요소다. 요컨대, 웹소설은 장르소설의 연속선상에 놓여 있으면서도 플랫폼 환경 속에서 변모하고 진화한 새로운 서사 형식이라고 정의할 수 있다.

## 플랫폼화가 만든 새로운 콘텐츠 생태계

웹소설의 가장 큰 특징은 플랫폼이 기반이 되었기에 성장할 수 있었던 콘텐츠란 점이다. 기존의 장르소설이 도서 대여점을 중심으로 유통되었다면, 웹소설은 온라인 플랫폼을 중심으로 생산·소비된다. 이 차이는 단순히 매체의 변화가 아니라, 창작과 유통, 독서 방식 전반을 뒤바꾼 근본적인 전환이다.

첫째, 연재 단위의 변화다. 장르소설이 단행본 한 권 분량(약 20만 자)을 기준으로 호흡을 맞추었다면, 웹소설은 플랫폼의 연재 시스템에 따라 한 화당 5천 자 내외의 짧은 분량을 기본 단위로 삼는다. 이러한 짧은 호흡은 독자에게 빠른 몰입과 연속적 긴장을 제공하며, 매 회마다 다음 화를 클릭하도록 유도하는 구조를 만든다.

둘째, 작가와 독자의 직접적 소통이다. 플랫폼은 댓글, 추천, 별점, 자유 게시판 등의 기능을 통해 독자가 곧

바로 작가와 의견을 나누게 한다. 작가는 독자의 반응에 따라 제목을 수정하거나 서사의 전개를 바꾸기도 하고, 연재 중간에 오타나 서사를 'A/S' 하듯 보완하기도 한다. 이는 기존 출판 기반 소설에서는 찾아보기 어려운 상호작용이다.

셋째, 수익 구조의 변화다. 종이책 장르소설은 주로 도서 대여점을 통해 소비되었기에 작가의 수익 배분율이 낮고 수익 규모도 제한적이었다. 반면 웹소설은 디지털 정보 상품으로서 한계 비용이 거의 0에 가까우며, 독자가 플랫폼을 통해 직접 결제하기 때문에 인기 작품일수록 작가의 수익이 크게 늘어난다. 오늘날 웹소설 작가가 수익의 50~70% 안팎을 가져가는 구조는 바로 이러한 플랫폼 경제의 특징을 반영한다.

넷째, 셀프 퍼블리싱(Self-publishing)과 대중 생산이다. 플랫폼은 누구나 작가로 참여할 수 있는 공간을 열었고, 이로써 웹소설은 폭발적인 양적 성장을 이룩했다. 동시에 플랫폼은 작품의 조회 수, 유료 결제율, 독자 반응을 데이터화하여 작가와 독자 모두에게 피드백을 제공함으로써 창작 과정을 실시간으로 관리·조율하게 만들었다.

이처럼 웹소설은 단순히 인터넷에 연재되는 소설이

아니라, 플랫폼화가 만들어 낸 새로운 문학 생태계다. 플랫폼은 창작 방식, 유통 구조, 독서 경험을 모두 바꾸었고, 이는 곧 웹소설이 가진 형식적 특징과 산업적 기반을 결정짓는 핵심 요인이라 할 수 있다. 이후 남성향 · 여성향과 같은 독자층의 분화 또한 이러한 플랫폼 기반의 생태계 위에서 형성되었다.

이처럼 웹소설은 단순히 인터넷에 연재되는 소설이 아니라, 플랫폼화가 만들어 낸 새로운 문학 생태계다. 플랫폼은 창작 방식, 유통 구조, 독서 경험을 모두 바꾸었고, 이는 곧 웹소설이 가진 형식적 특징과 산업적 기반을 결정짓는 핵심 요인이라 할 수 있다. 특히 웹소설 독서 경험은 텍스트에 국한되지 않는다. 일러스트, 댓글 등 다양한 양식이 결합되며 멀티모드성(multimodality)을 전제로 한 독서 방식으로 변모하고 있다. 이러한 멀티모드적 환경은 독자가 단순히 글을 읽는 수용자가 아니라, 플랫폼 안에서 감각적 · 정동적 반응을 즉각적으로 표현하고 공유하는 '참여자'가 되도록 만든다. 요컨대 웹소설은 장르소설의 전통을 계승하면서도, 플랫폼과 멀티모드성을 매개로 끊임없이 진화하는 동적 서사 형식이라 할 수 있다.

## 참고문헌

고훈(2018). “김광주 〈정협지〉 의 대중성 확보 전략 연구: 디아스포라를 중심으로”. 《대중서사연구》, 24(4), 99~120쪽.

김준현(2019). “웹소설 장에서 사용되는 장르 연관 개념 연구”. 《현대소설연구》, 74, 107~137쪽.

김준현(2023). “AI시대의 도래와 웹문예창작/교육”. 《돈암어문학》, 44, 129~161쪽.

김휘빈(2020). 《웹소설 작가 서바이벌 가이드》. 위즈덤하우스.

박수정(2022). “기성세대의 논리와 동원된 청년들– 해방기 김동인 소설의 세대론을 중심으로”. 《한국민족문화》, 83, 61~83쪽.

이건웅·위군(2017). “한중 웹소설의 발전과정과 특징”, 《글로벌문화콘텐츠》. 31, 159~173쪽.

Wolf, S.(2025.8.3). “What Are Webnovels and Where Can You Read Them?”. typecast. https://typecast.ai/learn/what-are-webnovels-and-where-can-you-read-them/

## 03
# 웹소설, AI 창작에 유리한 이유

왜 웹소설은 다른 문학보다 AI 창작에 적합한가? 웹소설은 뚜렷한 장르 규범과 반복적 문법을 따르며, 방대한 데이터와 패턴화된 서사 구조를 지닌다. 여기에 플랫폼 기반의 짧은 연재와 독자 반응의 즉각적 피드백이 더해져, AI가 학습하고 변주하기에 최적의 조건을 제공한다.

인공지능과 편향?

## 장르적 규범과 문법의 특성

웹소설이 AI 창작에 유리한 첫 번째 이유는 장르적 규범과 문법이 뚜렷해서다. 웹소설은 기본적으로 대중소설이자 장르문학의 특성이 강하기 때문에 서사 전개 방식이 정형화되어 있으며 명확한 규범과 문법을 따른다. 여기서 '장르적 문법'과 '장르의 규범'은 유사하게 쓰이지만, 엄밀하게는 서로 다른 개념으로 이해될 필요가 있다. 장르적 문법이 특정 장르를 이해하고 해석하는 인지적 틀이라면, 장르 규범은 해당 장르를 성립시키고 유지하는 제도적 · 관습적 장치라 할 수 있다.

예컨대 추리소설의 경우를 생각해 볼 수 있다. 추리소설의 효시로 평가되는 에드거 앨런 포의 《모르그 거리의 살인》 이후, 아서 코난 도일의 《셜록 홈즈》 시리즈, 나아가 현대의 대중서사물인 《명탐정 코난》이나 《소년 탐정 김전일》에 이르기까지, 이 장르는 '뛰어난 탐정이 논리적 추리를 통해 사건을 해결한다'는 규범을 중심으로 발전해 왔다. 만약 탐정이 논리적 추리가 아니라 초능력을 사용하여 사건을 해결한다면, 이는 기존 추리소설 장르의 규범을 위배하는 것이 된다. 따라서 장르 규범은 단순한 서사의 장식이 아니라, 특정 장르를 성립시키는 최소한의 조건이자 독자와 작가 사이의 암묵적 합의라고 할 수 있다.

이러한 장르적 규범은 웹소설이라는 장르에서 더욱 강하게 작동한다. 웹소설은 '무협', '판타지', '로맨스 판타지', 'BL' 등 각 장르마다 엄격한 규범과 문법이 존재하며, 독자는 이를 전제하고 작품을 읽는다. 예컨대 무협 장르의 경우 주인공은 '내공 수련 → 성장 → 강적과의 대결 → 새로운 경지 도달'이라는 일련의 성장 서사를 밟는 것이 규범화되어 있다. 로맨스 판타지의 경우에는 신분 차이나 운명적 사랑, 황태자나 기사와 같은 캐릭터 코드가 필수적으로 등장하며, 이들 요소가 없을 경우 독자들은 해당 작품을 로맨스 판타지로 인정하지 않는다. 즉 장르 규범은 단순한 선택적 요소가 아니라, 특정 장르를 성립시키는 핵심적 토대라 할 수 있다(박성준, 2024: 183~184).

이처럼 웹소설의 장르적 규범은 생성형 AI가 학습하기에 최적의 조건을 제공한다. AI는 특정 장르의 규칙을 학습함으로써 문맥에 맞는 단어와 전개 방식을 예측하고 생성하는 데 용이하다. 다시 말해, 웹소설은 장르적 규범이 뚜렷하기 때문에 AI가 학습해야 할 텍스트의 패턴이 명확히 제시되며, 이는 생성형 AI의 창작 가능성을 극대화하는 요인으로 작용한다.

## 웹소설의 정량성 지향과 데이터 친화성

웹소설이 AI 창작에 유리한 두 번째 이유는 본격문학과 달리 정량적 지표에 의존하는 수용 문화를 가지고 있어서다. 전통적인 문학은 작품의 미학적 완성도, 언어적 실험성, 사회적 함의를 평가 기준으로 삼았다. 그러나 웹소설은 조회 수, 연독률, 구독자 수, '좋아요' 클릭 수 등 객관적으로 계량 가능한 수치를 기준으로 작품의 성패를 가늠한다.

이는 독자가 작품을 선택할 때 정량적 지표를 우선적으로 고려하기 때문에 가능하다. 실제로 하철승의 연구(2020)에 따르면, 웹소설 플랫폼 '문피아' 회원 독자의 92.5%와 전문 웹소설 작가의 100%가 작품을 구독할 때 가장 먼저 확인하는 요소로 '조회 수'를 꼽았다. 물론 작가의 지명도나 작품의 제목은 그 뒤를 이었지만, 가장 중요한 것은 얼마나 많은 사람들이 그 작품을 보는가이다. 이는 웹소설이 가지는 플랫폼적 특징과도 연계된다. 웹소설 플랫폼은 대다수 랭킹 시스템을 도입하고 있기 때문에 그 작품의 인기 지수(조회 수, 선호작 수, 추천 수)가 작품이 얼마나 많은 독자들에게 '노출'될 수 있는지를 판가름한다.

이러한 정량성 지향은 웹소설이 AI 학습 데이터로 활

용되기에 적합하다는 점을 시사한다. AI 모델은 방대한 데이터 속에서 패턴을 추출하고, 확률적 연산을 통해 새로운 텍스트를 생성한다. 이때 웹소설은 이미 정량적 지표를 통해 성공 여부가 검증된 데이터를 제공하기 때문에 AI가 '성공하는 서사 패턴'을 학습하는 데 유리하다. 다시 말해, 조회 수와 구독자 수가 높은 작품은 단순히 독자에게 인기가 있다는 사실을 넘어, 특정 장르 규범을 효과적으로 구현했음을 방증하는 자료가 된다. 이는 AI가 학습할 수 있는 '최적화된 텍스트 데이터세트'로 기능한다.

웹소설 시장의 교육 및 산업 현장에서도 이러한 정량성 지향은 뚜렷하게 드러난다. 문화체육관광부가 주관한 웹소설 창작 과정 2기에서는 "브라키오가 알려주는 700만 뷰 웹소설 성공 치트키"(박성준, 2024: 205)와 같은 문구가 사용되었다. 이는 전통적인 글쓰기 교육이 강조하는 '문학적 성취'가 아니라, 조회 수와 같은 정량적 성과를 목표로 하는 시장 친화적 교육이 이루어지고 있음을 보여 준다. 웹소설 창작 관련 도서들도 '한 달 만의 출판 계약', '조회 수 몇 백만'과 같은 부제를 흔히 달고 있으며, 이는 작가와 독자 모두에게 시장 논리를 중심으로 한 창작 동기를 강화한다.

이러한 환경은 웹소설을 문화 콘텐츠로서 '상품성' 중심의 평가 구조로 자리매김하게 한다. 본격문학이 예술성과 사회적 효용성을 통해 가치를 인정받았다면, 웹소설은 실시간으로 공개되는 플랫폼 지표를 통해 대중성과 우수성을 동시에 가늠한다. 따라서 웹소설은 생성형 AI 모델이 학습하기에 최적의 대상이 된다. AI는 단순히 언어적 문법을 학습할 뿐만 아니라, '조회 수'와 같은 정량적 성공 지표를 통해 어떤 텍스트가 더 효과적으로 독자를 끌어들이는지를 분석할 수 있기 때문이다. 이와 같은 데이터 친화적 성격은 웹소설을 AI 연구의 풍부한 실험장이자, 실질적인 창작 보조 도구 개발의 핵심 대상 영역으로 만든다.

## 프로슈머 문화와 장르 규범의 순환

웹소설은 명확한 장르적 규범과 문법을 기반으로 형성된다. 이러한 규범은 효시적 작품을 중심으로 정립되며, 이후 다수의 아류작과 변주를 거쳐 장르적 관습으로 굳어진다. 그러나 이러한 규범은 고정된 것이 아니라, 새로운 성공작이 등장할 때마다 일부가 전복되거나 확장되면서 유동적으로 변화한다. 이와 같은 규범의 생성과 재생산은 독자와 작가가 공존하는 플랫폼 환경 속에서 끊임없이 이루어진다.

웹소설 플랫폼은 개방성을 특징으로 하며, 누구나 독자에서 곧바로 작가로 전환해 작품을 연재할 수 있는 환경을 제공한다. 이는 '프로슈머(prosumer)' 문화의 대표적인 사례로, 단순히 독자가 작가와 공동 창작을 한다는 의미가 아니라 독자가 언제든 창작자로 도전할 수 있는 제도적 · 환경적 조건이 보장된다는 점을 뜻한다. 따라서 독자는 단순히 텍스트를 소비하는 수용자에 머무르지 않고, 스스로 작가가 되어 플랫폼에 참여하며, 이는 곧 웹소설 생태계의 지속적 확대와 순환을 가능하게 한다.

이러한 구조 속에서 인기 있는 작품은 곧바로 장르 규범으로 자리매김하고, 아류작들의 생산을 촉발하며, 다시 새로운 독자-작가 집단에게 소비되고 변주된다. 하철승(2021: 1020)은 전문 웹소설 작가들조차도 다른 작가의 작품을 꾸준히 탐독하며 최신 유행을 파악하고 자신의 창작에 반영한다고 분석하였다. 이는 곧 웹소설의 규범이 플랫폼 기반의 순환 구조를 통해 부단히 재생산 · 변형되고 있음을 보여 준다.

결국 웹소설은 플랫폼의 개방성과 프로슈머 문화가 결합된 장르로, 누구나 독자이자 작가가 될 수 있는 가능성을 제도적으로 보장한다. 이는 곧 장르 규범이 고정되지 않고 지속적으로 갱신될 수 있는 원동력이 되며, 동시에 방대한 데이터와 반복적 패턴을 필요로 하는 생성형 AI가 학습 · 창작하기에 최적의 환경을 제공한다.

## 웹소설 창작에서 AI의 활용 양상과 한계

웹소설은 장르적 규범이 뚜렷하고 정량적 지표가 중요한 특성을 지니고 있기 때문에, AI 창작의 가능성이 큰 콘텐츠로 주목받고 있다. 그러나 현재 시점에서 AI가 웹소설 창작을 전면적으로 자동화하거나 독립적으로 수행하기보다는, 보조 도구로서의 활용이 중심이 되고 있다는 점은 분명하다.

김준현(2023)은 "AI시대의 도래와 웹문예창작/교육"에서 "'웹문예'와 '웹소설'이 가지고 있는 형식적 · 미디어적 · 인식적 특성과 관련하여 독자적인 AI의 활용 양상"을 구체적으로 살피면서, AI가 기획 · 취재 · 교정 · 번역 · 장면 묘사 등의 영역에서 창작의 보조 도구로 적극 활용될 수 있다고 논의하였다. 특히 그는 AI가 제공하는 기능을 네 가지 차원에서 정리한다. 첫째, 장르 관습(convention)이나 트렌드에 대한 일반 상식을 빠르게 검색할 수 있는 '기획 보조 도구'로서의 기능, 둘째, 소재 ·

배경 · 인물 등과 관련한 상식을 조사할 수 있는 '취재 보조 도구', 셋째, 특정 작가 혹은 특정 장르의 작품을 학습해 맞춤형 교정 · 교열을 수행할 수 있는 '교정 보조 도구', 넷째, 장면 묘사나 플롯 구성 등 창작의 기본 행위를 지원하는 '서술 보조 도구'로의 활용 가능성이 그것이다. 중요한 점은 이러한 기능들 단순한 이론적 가능성에 머무르지 않고, 초보적인 수준에서라도 이미 구현되고 실제로 활용되고 있다는 점이다.

이는 최근 출판된 AI 창작과 관련된 여러 저작에서도 찾을 수 있다. 이청분의 《챗GPT와 웹소설쓰기》는 생성형 AI를 활용한 웹소설 창작 가이드북으로, 챗지피티 4.0의 성능 향상 이후 발 빠르게 출간되며 큰 관심을 모았다. 안소정의 《AI메이트 가이드북》 역시 ChatGPT를 활용해 어떻게 웹소설을 쓸 수 있는지를 설명하고 있으며, 《AI는 어떻게 예술이 되는가》에서는 8인의 AI 크리에이터 사례 속에 웹소설 창작을 포함하여 다루고 있다. 이들 저작이 공통적으로 보여 주는 것은 웹소설을 하나의 '상품'으로 바라보면서 AI를 독립된 창작 주체가 아니라 창작 과정의 도구적 지원자로 위치 짓는 시각이다.

결국 현재의 AI 활용 양상은 자동화된 창작보다는 기획 단계에서 아이디어를 제공하고, 서술 과정에서 문장을 매끄럽게 다듬으며, 교정 · 교열에서 품질을 개선하는 '반(半)자동화적 창작'의 성격을 띠고 있다. 다시 말해, AI는 웹소설 창작자가 더 빠르고 효율적으로 글을 쓰도록 보조하는 도구이지, 창작을 전적으로 대체하는 존재는 아니다. AI와 웹소설이 결합할 가능성은 크지만, 현재 시점에서는 여전히 보조 도구적 활용에 국한된다고 평가할 수 있다.

요컨대 오늘날 AI는 웹소설 창작을 전면적으로 자동화하거나 독립적인 창작 주체로 기능하는 단계에는 이르지 못하였다. 그럼에도 불구하고 현실적인 차원에서 개인이 현재 출시된 AI를 도구적으로 활용하는 것은 매우 중요하다. 창작자는 AI를 단순한 실험적 도구가 아닌, 실제 창작 과정에서 실질적 도움을 주는 서술 보조 도구로서 적극적으로 활용할 수 있다. 이에 본서는 AI의 보조적 기능을 기획, 취재, 교정, 번역, 장면 묘사라는 다섯 가지 차원으로 구분하여 설명하고자 한다. 이러한 구분은 단순히 기능적 정의를 제시하는 데 그치지 않고, 실제 창작 현장에서 AI를 활용하는 구체적 전략을 제안하기 위한 것이다. 따라서 다음 장에서는 이 가운데 가장 선행 단계라 할 수 있는 기획 도구로서의 AI 활용 방식을 집중적으로 살펴봄으로써, 창작자가 AI와의 협업을 통해 어떻게 효율성을 높이고 새로운 창작 가능성을 열어 갈 수 있는지 논의하겠다.

## 참고문헌

김준현(2019). “웹소설 장에서 사용되는 장르 연관 개념 연구”. 《현대소설연구》, 74, 107～137쪽.

김준현(2023). “AI시대의 도래와 웹문예창작/교육”. 《돈암어문학》, 44, 129～161쪽.

박성준(2024). 《한국 MZ세대의 웹소설 소비 연구》. 한국외국어대학교 박사학위논문.

이청분(2023). 《챗GPT와 웹소설 쓰기: 집필 한 달 만에 출판사 계약 성공!》. 멀리깊이.

스튜디오사월(2024.9.18). “[인터뷰] 드라마 〈밤이되었습니다〉 AI 웹소설 각색 작가 안소정 인터뷰 후기/AI는 어떻게 예술이 되는가”. https://blog.naver.com/seenario/223587317772

최효승·손영미(2017). “인공지능과 예술창작 활동의 융복합 사례분석 및 특성 연구”. 《한국과학예술융합학회》, 28, 289～299쪽.

하철승(2021). “웹소설 플랫폼 지표분석을 통한 흥행작품 특징 연구 - 문피아를 중심으로”. 《인문사회 21》, 12(3), 1019～1031쪽.

Brown, M.(2017.7.12.). “Do we need a soulslike genre?”. Game Maker’s Toolkit. https://www.youtube.com/watch?v=Lx7BWayWu08

## 04
## 기획 도구로서의 AI 활용

창작의 출발점은 언제나 기획이다. 어떤 소재를 선택하고, 어떤 인물을 배치하며, 어떤 세계를 구축할지의 방향은 작품의 성패를 좌우한다. AI는 방대한 데이터를 바탕으로 장르의 클리셰와 트렌드를 신속히 파악하고, 새로운 아이디어를 제안하는 기획 파트너로 거듭나고 있다. 이는 작가가 발상과 구상에서 겪는 한계를 보완하며 창작의 첫 단계를 혁신적으로 확장한다.

청각장애인과 AI?

## 트렌드 탐색과 아이디어 발상

《재벌집 막내아들》로 유명한 웹소설 작가 산경이 자신의 웹소설 강의 첫 시간에 던지는 질문은 단순하면서도 본질적이다. "무엇을 쓸 것인가, 어떤 장르의 웹소설을 쓸 것인가." 산경은 작가가 이 질문에 답할 때 필연적으로 두 갈래 길에 놓인다고 지적한다. 하나는 현재 독자들 사이에서 유행하는 소재나 장르를 차용하는 길이며, 다른 하나는 유행과 무관하게 자신이 쓰고 싶은 이야기를 고집하는 길이다. 전자는 작품의 상업적 성공 가능성이 높아지는 반면, 차별성 부족이라는 비판에 직면할 수 있다. 반대로 후자는 창작자의 독창성을 드러낼 수 있지만, 시장 주목도가 떨어질 위험이 크다. 결국 이 갈림길은 웹소설 기획 단계에서 모든 작가가 마주할 수밖에 없는 숙명적 고민이라 할 수 있다.

이러한 고민은 웹소설이라는 장르가 지닌 트렌드 친화성과 깊은 관련이 있다. 김준현(2023)은 지난 10여 년간 한국 웹소설이 "극단적으로 트렌드 친화적"이며, "컨벤션을 적극적으로 추수(追隨)하는 양식"으로 자리매김해 왔다고 평가한다. 이는 독자층이 즉각적으로 반응하는 플랫폼 환경과, 조회 수 · 구독자 수 · 선호작 수 등 실시간으로 수치화되는 인기 지표가 창작의 기준으로 작용하는 구조와 무관하지 않다. 결과적으로 웹소설은 전통적인 문학 장르보다 훨씬 더 시장의 요구에 민감하게 반응하는 콘텐츠로 발전해 왔다.

이런 점에서 AI를 기획 도구로 활용하는 것은 웹소설 창작자의 고민과 밀접하게 연결된다. AI는 방대한 데이터를 학습하여 특정 시점에서 인기 있는 장르, 클리셰, 트렌드를 빠르게 제시할 수 있기 때문이다. 창작자는 이를 단순 모방의 자료로 삼기보다, 오히려 어떤 점에서 차별화할 것인지를 고민하는 출발점으로 활용할 수 있다. 즉, AI는 '유행을 따를 것인가, 자신만의 길을 갈 것인가' 라는 기획 단계의 갈림길에서 하나의 브레인스토밍 파트너로 기능할 수 있는 것이다.

예컨대, 창작자가 AI에게 "요즘 인기 있는 로맨스 판타지 소재가 뭐야?"라고 질문하면 '계약 결혼', '빙의', '역하렘', '학원물+판타지' 같은 트렌디한 키워드들이 제시된다. 실제로 제미나이에게 물어본 결과, 회귀/빙의/환생물, 계약결혼/선 결혼 후 연애, 가족 힐링/육아물, 사이다/능력 여주, 집착/후회 남주, 역하렘, 동양풍 판타지를 제시해 주었다. 그리고 단순히 태그(~물)만을 나열한 것이 아닌 이 장르들의 규범과 특징이 무엇인지에 대해 알려 줌으로써, AI는 웹소설이나 하위 장르에 작용하는 코드를 공유해 준 것이다.

여기서 과연 AI가 제시한 키워드가 현재 로맨스 판타지에서 인기 있는 장르인지는 검증이 필요하지만, "wiki류와 같이 '공신력과 엄밀성은 떨어지지만 일반 상식을 반영하는', '주관성을 포함하지만 그만큼 자세히, 진취적으로 서술될 수 있었던' 정보들을 더욱 빠르고 효율적으로 얻을 수 있는 경로"(김준현, 2023: 147)임에는 분명하다.

또 "빌런 여성 주인공이 등장하는 웹소설 기획안을 작성해 줘"라고 요청하면, AI는 캐릭터의 성격, 갈등 구조, 세계관의 틀, 주요 사건 전개까지 기본 뼈대를 제시할 수 있다. 실제로 제미나이에게 동일한 질문을 던진 결과, 〈검은 심장의 꽃〉이라는 피폐, 복수, 역하렘의 태그(~물)를 가진 로맨스 판타지의 기획안을 만들어 주었다. 이 작품은 작품 개요, 등장인물(이름과 역할 그리고 특징), 시놉시스, 차별점 등을 제시하였다.

이 기획안이 제시한 줄거리는 모든 것을 빼앗기고 처절하게 파멸했던 악녀 '에스텔'이 과거로 회귀해, 자신을 배신한 이들에게 복수하고 모든 것을 차지하기 위해 더 큰 악이 되는 것으로 근 몇 년간 꾸준히 인기를 얻고 있는 이야기의 전형적인 구성을 가지고 있다. 즉, 웹소설 플랫폼 랭킹에서 흔히 볼 수 있을 정도로 손색이 없는 구성을 가지고 있지만, 그와 별개로 AI가 창의적이고 특별한 무언가를 제시하지는 못했다는 것이다. 그렇기 때문에 이때 중요한 것은 창작자가 단순히 이 기획안을 받아들이는 것이 아니라, 무엇을 변주하고 뒤집을 것인지를 스스로 판단하는 과정이다.

AI는 '정답'을 제공하는 도구가 아니라, '가능성의 지형도'를 탐색하게 해 주는 도구다. 다시 말해, AI가 제안하는 기획안은 곧장 작품이 될 수는 없지만, 그것을 매개로 작가는 자신이 원하는 이야기의 방향을 더 뚜렷하게 인식할 수 있다. 이처럼 AI는 트렌드 탐색과 아이디어 발상의 단계에서 유용한 보조자 역할을 수행한다.

## 세계관 및 설정 구축

웹소설 창작에서 세계관은 단순한 배경 설정을 넘어 작품의 전개와 인물의 행동을 규정하는 핵심적 토대다. 특히 판타지, 로맨스 판타지, 무협, 포스트아포칼립스(Post-Apocalypse) 등 특정 장르에서는 사회적 규범과 규칙의 설정 여부가 작품의 성패를 좌우한다고 해도 과언이 아니다.

이 지점에서 AI는 창작자가 세계관을 구상하고 구체

화하는 과정에 효과적인 취재 보조 도구로 활용될 수 있지만, 기획 차원에서 AI는 설정의 전형을 정리하고 제시해 준다. 다시 말해, 기획의 보조 도구로서 AI는 기존 장르에서 흔히 활용되는 세계관의 전형을 빠르게 분류하고, 그 속에서 어떤 변형과 결합이 가능할지를 제안하는 기능을 수행할 수 있다. 예를 들어 "현대 로맨스 배경에 판타지적 요소를 결합한 설정을 제안해 달라"는 요청에 대해, AI는 '현대 서울 속에 잠입한 마법 길드'나 '기업을 배경으로 한 초능력 집단 간 갈등'과 같은 변주된 기획안을 제공할 수 있다. 이러한 기획은 창작자에게 단순한 모방이 아니라 변형과 차별화를 시도할 수 있는 출발점이 된다.

물론 AI가 제시하는 설정은 어디까지나 기계 학습(Machine Learning)의 산물로, 새로운 세계관을 독창적으로 창출하기보다는 이미 존재하는 요소들을 조합하는 성격이 강하다. 따라서 창작자는 이를 비판적으로 수용하며, 자신의 창의적 기획에 부합하는 방식으로 재가공해야 한다. 그럼에도 불구하고 세계관 및 설정 구축 단계에서 AI를 활용하는 것은, 창작자가 방대한 조사와 정리 과정을 단축하고, 창작적 상상력을 더 빠르게 구체화할 수 있도록 돕는다는 점에서 중요한 의미를 가진다.

## 캐릭터 아키타입 및 관계망 설계

웹소설 창작에서 캐릭터는 독자의 몰입을 이끄는 핵심 요소이며, 작품의 장르적 정체성을 가장 선명하게 드러내는 장치라 할 수 있다. 특히 웹소설 독자들은 줄거리의 참신성보다도 개성 있는 캐릭터, 그리고 그들 사이의 역학 구도를 통해 작품에 빠져드는 경우가 많다. 이 때문에 웹소설은 흔히 캐릭터 중심 서사(character-driven narrative)로 규정되며, 캐릭터 아키타입(archetype)과 관계망 설계는 기획 단계에서 반드시 선행되어야 하는 과제다.

AI는 캐릭터 구상 과정에서 효과적인 보조 도구로 활용될 수 있다. 창작자가 "복수와 집착을 가진 남성 주인공 캐릭터를 설정해 달라"거나 "현대 판타지 세계에서 정의로운 여성 검사 캐릭터를 기획해 달라"는 요청을 하면, AI는 외형적 특징, 성격적 특성, 주요 갈등 동기, 서사적 역할 등을 포함한 개요를 제공한다. 이러한 결과물은 장르별 클리셰와 독자 선호 경향을 반영하고 있어, 창작자가 빠르게 캐릭터 구성을 구체화할 수 있도록 돕는다. 특히 웹소설은 사람들이 매력적으로 여기는 캐릭터 설정들을 모아서, 매력적인 캐릭터들을 보여 주는 소설로서 "캐릭터의 데이터베이스를 환경으로 하여 쓰인 소설"(히로키, 2012: 33)이란 점에서 더욱 그러하다.

더 나아가 AI는 캐릭터 간 관계망 설계에도 활용될 수 있다. 예컨대 "여주인공과 남주인공, 그리고 조력자 및 라이벌의 관계를 설정해 달라"는 요구에 대해 AI는 인물 간 갈등 · 협력 · 애정 · 배신 등의 구도를 제시할 수 있다. 이는 단순히 캐릭터 개별 설정을 넘어, 작품 전체의 긴장감과 전개 방향을 구조화하는 데 기초 자료로 작용한다. 실제로 AI가 제시하는 관계망은 전형적일 가능성이 높지만, 그만큼 장르적 규범에 충실하다는 장점이 있으며, 창작자는 이를 토대로 차별화된 변주를 꾀할 수 있다.

그러나 AI가 제공하는 캐릭터 아키타입은 대체로 기존 데이터의 재조합에 불과하므로 개별 작품에 필요한 독창적 디테일이나 미묘한 심리 묘사를 대신해 줄 수는 없다. 즉, 캐릭터 아키타입과 관계망 설계 단계에서의 AI 활용은 웹소설 창작자가 보다 빠르게 서사의 기본 골격을 확보하고, 차별화된 인물 구도를 구상하는 데 실질적인 도움을 받기 위함 것임을 명심해야 한다.

## 플롯 전개와 사건 배열

AI는 플롯 전개를 설계하는 과정에서 보조적 도구로 유용하게 활용될 수 있다. 예컨대 "복수 로맨스 웹소설의 20화 분량 플롯을 작성해 달라"는 요청을 하면, AI는 사건의 도입-전개-위기-절정-해결이라는 기본 구조를 토대로 각 화마다 핵심 사건을 배치한다. 또한 "회귀물에서 1~5화까지 반드시 들어가야 하는 사건들을 나열해 달라"는 요구에 대해서도, AI는 회귀 직후의 각성, 새로운 목표 설정, 첫 번째 복수, 조력자의 등장, 라이벌과의 조우 같은 전형적인 사건 배열을 제시할 수 있다. 이는 장르적 컨벤션에 기반을 둔 결과로, 창작자는 이를 참고하여 자신만의 차별적 요소를 추가할 수 있다.

또한 AI는 사건들 사이의 인과 관계나 긴장감 조율에도 도움을 준다. 창작자가 "주인공이 첫사랑과 재회하는 장면을 절정으로 삼고 싶다"고 하면, AI는 그 지점까지 갈등을 고조시키기 위한 중간 사건들을 제안한다. 예컨대 오해와 갈등의 누적, 주변 인물들의 개입, 주인공의 선택의 순간 등을 배열함으로써 절정을 자연스럽게 준비하는 구조를 설계할 수 있다.

그러나 AI가 제시하는 플롯 전개는 어디까지나 '안전한 평균값'에 가깝다. 사건의 전환이나 캐릭터의 선택이 독창적이라기보다 익숙한 흐름을 따르는 경우가 많아, 창작자가 이를 그대로 수용할 경우 작품이 전형성과 피상성에 머물 위험이 크다.

그럼에도 불구하고 AI가 제시하는 전형적인 플롯은 웹소설의 플롯을 기획하는 데 중요한 역할을 한다. 바로 웹소설의 클리셰를 명징하게 드러낸다는 점이다. 웹소설의 경쟁력은 클리셰를 어떻게 활용하고, 또 어떻게 비틀어 내는가에서 비롯된다. 이런 점에서 AI는 마치 X-레이 사진처럼 창작자에게 클리셰의 뼈대를 투명하게 보여 준다. 따라서 창작자는 AI가 제시한 사건 배열을 보고, 어떤 부분을 변주하고 어떤 지점을 전복할 것인지를 비판적으로 검토할 수 있는 것이다. 초보 작가에게는 장르의 기본기를 익히는 '교재' 역할을 하고, 숙련된 작가에게는 클리셰를 해체하고 재구성할 단초를 제공하는 셈이다.

## 기획 단계에서 AI 활용의 의의와 한계

AI는 웹소설 기획 단계에서 트렌드 탐색-세계관 설정-캐릭터 설계-플롯 배열이라는 주요 과정을 빠르고 효율적으로 지원하는 도구가 될 수 있다. 그러나 그 기능은 어디까지나 전형적 요소를 드러내고 정리해 주는 수준에 머무르는 경우가 많으며, 창작자가 스스로 이를 변주하고 해체할 때 비로소 독창성이 확보된다. 다시 말해,

AI는 기획의 주체가 아니라 브레인스토밍 파트너이자 전형성을 비춰 주는 거울이라 할 수 있다.

다음 장에서는 기획 단계를 넘어, 보다 사실적이고 구체적인 취재와 장면 묘사 보조 도구로서 AI 활용에 대해 살펴보고자 한다. 이는 기획에서 설정된 아이디어를 실제 서사와 장면으로 확장하는 과정으로, AI의 활용 가능성과 한계를 다시금 점검할 수 있는 지점이 될 것이다.

## 참고문헌


김준현(2023). "AI시대의 도래와 웹문예창작/교육". 《돈암어문학》, 44, 129~161쪽.

박성준(2024). 《한국 MZ세대의 웹소설 소비 연구》. 한국외국어대학교 박사학위논문.

스튜디오사월(2024.9.18). "[인터뷰] 드라마 〈밤이되었습니다〉 AI 웹소설 각색 작가 안소정 인터뷰 후기/AI는 어떻게 예술이 되는가". https://blog.naver.com/seenario/223587317772

이청분(2023). 《챗GPT와 웹소설 쓰기: 집필 한 달 만에 출판사 계약 성공!》. 멀리깊이.

東浩紀(2007). *ゲーム的リアリズムの誕生*. 講談社. 장이지 옮김(2012). 《게임적 리얼리즘의 탄생》. 현실문화연구.

## 05
## 취재 및 장면 묘사 보조 도구로서의 AI 활용

창작은 상상력뿐 아니라 사실적 배경과 설득력 있는 장면 묘사에 의해 뒷받침된다. 그러나 모든 작가가 특정 직업이나 공간, 사건을 직접 경험하기란 어렵다. 이때 AI는 신속한 정보 검색과 상황 재현을 통해 취재의 단초를 제공하고, 요구에 맞는 장면 묘사를 초안으로 제시한다. 비록 그 결과물은 평이하고 오류를 포함할 수 있으나, 작가가 이를 토대로 감정을 덧붙이고 문체를 조율할 때 AI는 유용한 보조 도구가 된다.

AI 콘텐츠 크리에이터?

## 웹소설의 자료 조사

웹소설 창작에서 자료 조사는 단순한 보조 과정이 아니라 작품의 개연성과 현실감을 담보하는 핵심적 단계라 할 수 있다. 특히 현대물이나 대체 역사물은 독자층이 실제 역사와 현실에 대한 지식을 공유하고 있기 때문에 더욱 정밀한 자료 조사가 요구된다. 대체 역사물의 경우, 특히 사료적 근거와 고증이 신뢰성을 뒷받침하며, 각주나 작가의 말을 통해 실제 사건과 허구의 비틀림을 명시하는 경우도 많다.

작가가 알고 있는 지식의 폭과 깊이에 따라 조사할 수 있는 주제의 범위 또한 달라진다. 곧 "작가가 아는 만큼 쓸 수 있다"는 명제는, 웹소설의 설득력이 얼마나 충실한 자료 조사에 의해 뒷받침되는가를 단적으로 보여 준다. 예컨대 벨라루스와 같은 생소한 국가를 전혀 모른다면, 그곳을 작품의 무대로 설정하는 것 자체가 불가능하다. 반대로 레오나르도 다빈치처럼 누구나 아는 인물을 출발점으로 삼으면 카메라 옵스큐라(Camera Obscura)와 같은 세부 사실까지 조사로 확장할 수 있다. 즉, 기초 지식의 유무가 조사 가능성의 범위를 규정한다.

기업물이나 재벌물에서 자주 등장하는 IMF 외환위기나 서브프라임 모기지(Subprime Mortgage) 사태는 자료 조사의 대표 사례다. 이 사건들은 독자와 작가 모두 일정 부분 공유하고 있는 사회적 기억이기에 서사에 쉽게 활용될 수 있다. 하지만 단순히 사건의 존재만 아는 것과 그 전개 과정, 경제적 파급 효과, 당시의 사회 분위기까지 아는 것은 전혀 다르다. 후자의 경우 작품 속 기업 경영이나 재벌 캐릭터의 행동에 설득력을 부여할 수 있으며, 이는 작품의 디테일을 강화하는 원천이 된다. 최근에는 코인 열풍, 팬데믹(Pandemic) 사태, 한일 무역 분쟁, 자율 주행 기업 모빌아이(Mobileye) 사례 등도 기업물과 현대물에서 차용되는 배경으로 기능한다. 작가가 해당 현상과 관련 기업의 맥락을 알고 있다면, 이를 단순한 클리셰가 아니라 개성 있는 서사 자원으로 발전시킬 수 있다.

이때 자료 조사의 핵심은 "완벽한 이해와 최소한의 활용"이다. 방대한 조사 내용을 그대로 옮겨 쓰는 것은 독자에게 지루함을 주고 작품의 몰입도를 떨어뜨린다. 오히려 수십 쪽의 자료를 읽고 소화한 뒤, 단 한 줄의 대사나 에피소드 속에 녹여 내는 것이 중요하다. 예를 들어, IMF 외환위기를 장황하게 설명하기보다 당시의 정치적 상황(대선)이나 특정 기업의 인수 · 합병과 같은 구체적 사건을 활용해 이야기에 자연스럽게 스며들게 하는 편이 낫다. 이렇게 하면 서사의 속도는 유지하면서도 이야기의 설득력을 확보할 수 있다.

요컨대, 자료 조사는 단순한 사실 확인을 넘어 작품 세계의 리얼리티와 신뢰도를 구축하는 토대이며, 현대 웹소설 창작에서 가장 기본적이면서도 필수적인 과정이다.

자료 조사의 과정은 ① 관심사 발견 → ② 키워드 기반 자료 수집 → ③ 반복적 정독과 이해 → ④ 불필요한 정보의 정제 → ⑤ 작품에 맞는 최소한의 활용이라는 순환 구조로 정리할 수 있다. 이 과정을 통해 작가는 풍성한 에피소드와 디테일을 확보할 수 있으며, 독자는 몰입과 현실감을 경험한다.

그런데 이러한 전통적 자료 조사 방식은 방대한 시간과 노력을 요구한다. 신문 기사, 학술 논문, 다큐멘터리, 유튜브(Youtube), 나무위키(namuwiki) 등 여러 매체를 종합적으로 탐독해야 하며, 그 과정에서 방대한 정보를 걸러내고 정리해야 한다. 이 지점에서 오늘날의 생성형 AI는 새로운 보조 도구로 등장한다. AI는 특정 키워드에 대한 기본 정보를 요약하고, 연결된 지식을 빠르게 제시하며, 심지어는 아직 정리되지 않은 흐름까지 탐색 가능한 아이디어 단초를 제공한다. 물론 AI가 제공하는 정보는 오류 가능성을 내포하므로 검증이 필수적이지만, "조사의 시작점"을 빠르게 마련해 준다는 점에서 의미가 있다. 이런 점에서 다음 절에서는 사실적 정보 수집과 취재의 보조 도구로서 AI가 어떻게 기능할 수 있는지를 살펴보고자 한다.

## 사실적 정보 수집과 취재의 보조

웹소설 창작에서 사실적 정보 수집은 작품의 설득력과 개연성을 확보하는 핵심 과정이다. 특히 현대물, 기업물, 대체 역사물, 법정물 등은 독자들이 이미 어느 정도의 배경지식을 공유하고 있기 때문에 사소한 오류가 작품 전체의 몰입감을 크게 훼손할 수 있다. 예컨대 기업물에서 IMF 외환위기나 서브프라임 모기지 사태를 언급할 때, 사건의 맥락과 순서를 정확히 이해하지 못한다면 독자에게 단숨에 비현실적인 이야기로 비칠 수 있다. 따라서 작가는 설정을 구체화하기 위해 반드시 자료 조사를 수행해야 하며, 이 과정에서 AI는 새로운 보조 도구로 활용될 수 있다.

AI의 최대 장점은 속도와 접근성이다. 작가가 "검사의 하루 일과는 어떠한가?" 혹은 "벨라루스의 정치 체제와 주요 산업은 무엇인가?"와 같은 질문을 던지면, AI는 관련된 배경지식을 요약하여 제공한다. 물론 이는 학술적 논문의 정밀성이나 최신성을 보장하지는 않지만, 글을 쓰기 위해 필요한 기본적인 상식을 빠르게 확보할 수 있게 한다. 김준현(2023)이 지적하듯, AI는 "공신력은 떨어지지만 일반 상식을 반영하는, 주관성을 포함하지만 진취적인 정보 서술"을 가능하게 한다. 다시 말해, AI가 제공하는 정보는 단순히 사실 확인의 최종 단계라기보다는 창작자가 보다 깊이 있는 조사를 시작하도록 이끄는 출발점에 가깝다.

사례를 들어 보자. 한 작가가 현대 판타지 소설을 집필하며 주인공의 직업을 '천문학자'로 설정했다고 하자. 작가는 천문학자의 구체적인 일과를 경험해 본 적이 없기 때문에 리얼리티 확보가 어려울 수 있다. 이때 AI에게 "천문학자의 하루 일과를 알려 달라"고 요청하면, AI는 관측, 연구, 학회 활동, 논문 작성 등의 업무를 포괄적으로 제시한다. 물론 이 정보를 그대로 사용할 수는 없지만 작가는 이를 토대로 보다 심층적인 자료 조사, 예컨대 학자 인터뷰나 전문 서적 탐독으로 나아갈 수 있다. 이처럼 AI는 '1차 취재'의 역할을 수행하며, 작가가 더 정밀한 2차 · 3차 검증으로 나아가도록 돕는다.

AI의 취재 보조 기능은 특히 현대적 사건이나 트렌드

반영에서 효과적이다. 팬데믹, 한일 무역 분쟁, 자율 주행 기술 등 최신 이슈를 다루려 할 때, AI는 관련된 개념을 빠르게 설명하고 핵심 용어를 정리해 준다. 예컨대 "자율 주행 기술의 최근 발전 동향을 알려 달라"는 요청을 통해 작가는 테슬라(Tesla)나 구글 웨이모(Waymo)뿐만 아니라 모빌아이와 같은 실제 기업까지도 빠르게 접할 수 있다. 이를 통해 작품 속 에피소드나 배경 설정이 보다 현실감 있게 구성될 수 있다.

그러나 AI 활용의 한계 또한 분명하다. AI가 생성한 정보는 사실 검증 과정 없이 그대로 사용돼선 안 된다. AI가 제시하는 정보는 본질적으로 '그럴듯한 오류(hallucination)'의 위험을 안고 있기 때문이다. 특히 현대 판타지에 주로 활용되는 법률, 의학, 과학적 사실과 같이 전문성이 요구되는 영역에서는 오류 가능성이 크다.

웹소설 독자는 다양한 배경지식을 가진 집단이어서 일부 독자라도 오류를 발견하면 댓글과 공유를 통해 빠르게 확산된다. 따라서 사실성 검증은 단순한 문학적 완성도의 문제가 아니라 독자와의 신뢰 형성 문제이기도 하다. 따라서 창작자는 AI가 제공하는 정보를 "초안"이나 "지식의 지도"로 받아들이고, 이를 근거로 2차 검증(검색 · 문헌 조사)과 3차 검증(전문가 인터뷰나 논문 검토)을 반드시 거쳐야 한다.

그리고 최종적으로 작품에 반영할 때는 작가가 그 정보를 완벽히 이해하고 독자의 언어로 재해석해야 한다. 이는 "아무리 방대한 지식이라도 작가가 이해하지 못하면 독자도 이해할 수 없다"란 고전적 원칙이 AI 시대에도 여전히 유효하기 때문이다.

이런 점에서 사실적 정보 수집에서 AI의 역할은 '리서치 어시스턴트', 즉 취재 '보조 도구'라고 할 수 있다. 작가가 미처 몰랐던 개념을 소개하고, 지식의 연결망을 보여 주며, 흩어진 정보를 정리해 주는 것이다. 결국 AI는 사실적 정보 수집의 모든 과정을 대체하는 것이 아니라 초기 탐색과 자료 정리에서 작가의 부담을 줄여 주는 보조 장치에 불과하다. 따라서 AI 활용의 핵심은 '빠른 접근성'과 '아이디어 확장성'을 취하되, 최종 검증과 재서술은 전적으로 작가의 몫임을 명심해야 한다.

## 장면 묘사 보조 도구로서의 AI

웹소설 창작에서 장면 묘사는 독자의 몰입도를 결정짓는 중요한 요소다. 특히 웹소설은 회차 단위로 독자를 끌어들이는 특성이 강하기 때문에 한두 문장의 장면 묘사가 독자의 흥미를 유지하거나 포기하게 만드는 중요한

계기로 작용한다. 그러나 모든 작가가 풍부한 묘사 능력을 타고나는 것은 아니며, 때로는 소재에 대한 경험 부족이나 표현력의 한계로 인해 장면이 단조롭게 흐르기도 한다. 이때 AI는 장면 묘사의 보조 도구로 활용될 수 있다.

AI의 강점은 다양한 언어 스타일과 감각적 표현을 즉각적으로 제공할 수 있다는 점이다. 예컨대 작가가 "비 오는 밤 골목길에서 두 인물이 대립하는 장면을 묘사해 달라"고 요청하면, AI는 빗소리 · 습기 · 조명 · 인물의 표정과 감정 등 다층적인 요소를 포함한 서술을 제시한다. 이러한 결과물은 완성본이라기보다 창작자가 장면을 확장하고 구체화하는 출발점이 된다.

예컨대 한 작가가 로맨스 판타지에서 주인공이 첫사랑과 재회하는 장면을 쓰려 했으나, 섬세한 감정을 표현할 어휘가 떠오르지 않아 난관에 부딪혔다. 이때 AI에게 "웹소설 문체로, 오랜만에 재회한 두 인물이 복잡한 감정을 느끼는 장면을 써 달라"고 요청한다면 AI는 떨리는 목소리, 흔들리는 눈빛, 주변 인물들의 반응 등 시각적 · 감각적 요소가 살아 있는 묘사를 제시해 줄 수 있다. 그리고 작가는 이를 토대로 상상력을 확장하여 자신만의 문체와 구상에 맞추어 장면을 재구성할 수 있다. 이처럼 AI

는 백지 상태에서 고심하기보다 다양한 예시를 통해 장면을 떠올릴 수 있도록 돕기 때문에 창작의 부담을 크게 줄여 준다.

물론 한계도 있다. AI가 만들어 내는 묘사는 대체로 전형적이며 감정의 깊이가 얕다. 캐릭터의 개성과 작품의 맥락을 충분히 이해하지 못하기 때문에 인물의 성격이나 세계관과 어긋나는 표현이 포함되기도 한다. 또한 반복 요청 시 문장 구조나 표현 방식이 유사하게 되풀이되는 경향이 있다. 따라서 AI의 묘사를 그대로 수용하기보다, 작가가 원하는 톤과 뉘앙스를 덧입혀 다시 쓰는 과정이 반드시 필요하다.

그럼에도 불구하고 AI가 장면 묘사에서 제공하는 가치는 분명하다. 무(無)에서 유(有)를 창조하는 막막함을 덜어 주고, 다양한 표현 가능성을 제시함으로써 작가의 상상력을 촉진한다는 점이다. 더 나아가 동일한 장면을 여러 차례 요청해 다양한 버전을 확보하면, 가장 적절한 요소들을 선택하거나 조합할 수 있어 창작 속도와 효율성 또한 크게 높일 수 있다.

정리하자면 장면 묘사에서 AI는 작가의 표현력을 대신하는 '대체자'가 아니라 표현을 확장하고 풍성하게 만드는 '촉매제'에 가깝다. 작가는 AI가 제시하는 묘사 초안을 출발점 삼아 작품의 분위기와 캐릭터의 개성을 반영해 다시 쓰고, 이를 통해 독자에게 더욱 생생하고 몰입감 있는 장면을 전달할 수 있을 것이다.

## 참고문헌


김준현(2023). "AI시대의 도래와 웹문예창작/교육". 《돈암어문학》, 44, 129~161쪽.

이유나 외(2024). "ChatGPT 피드백과 동료 피드백이 중학생 글쓰기 능력에 미치는 영향". 《교육방법연구》, 36(2), 111~137쪽.

이청분(2023). 《챗GPT와 웹소설 쓰기: 집필 한 달 만에 출판사 계약 성공!》. 멀리깊이.

東浩紀(2001). *動物化するポストモダン*. 講談社現代新書. 이은미 옮김(2007). 《동물화하는 포스트모던》. 문학동네.

東浩紀(2007). *ゲーム的リアリズムの誕生*. 講談社. 장이지 옮김(2012). 《게임적 리얼리즘의 탄생》. 현실문화연구.

## 06
## 교정·교열 및 스타일 피드백 도구로서의 AI 활용

웹소설 창작에서 교정과 교열은 단순한 문법 수정이 아니라 독자의 가독성과 몰입을 좌우하는 핵심 과정이다. 플랫폼 특성상 매 회차를 빠르게 연재해야 하는 환경에서 오탈자, 장황한 문장, 가독성 저하 문제는 작품 경쟁력을 약화시킨다. 이때 AI는 신속한 교정 · 교열과 어휘 변주, 장르적 스타일 점검을 제공하여 작가가 글을 다듬고 독자의 기대에 맞는 문체를 형성하도록 돕는다.

AI와 민주주의?

## 교정과 문장 다듬기

웹소설 창작에서 교정과 문장 다듬기는 독자의 가독성과 몰입도를 확보하는 핵심 과정이다. 웹소설은 매 회차 수천 자에 달하는 원고를 일정한 속도로 연재해야 하기 때문에 작가가 스스로 모든 오류를 걸러 내기는 쉽지 않다. 오탈자, 조사 · 어미의 반복, 호흡이 지나치게 긴 문장 등은 독자의 집중을 방해하고, 작품의 신뢰도에도 부정적인 영향을 끼친다. 이때 AI는 자동 교정 · 교열 도구로서 유용하게 활용될 수 있다.

웹소설 플랫폼은 누구나 작품을 연재할 수 있다는 개방성을 특징으로 한다. 이는 양적 성장을 이끌었지만 동시에 질적 편차도 심화시켰다(박성준, 2024a: 127). 참신한 소재와 아이디어를 갖춘 아마추어 작가가 늘어나면서, 전문적인 글쓰기 훈련이 부족해 가독성이 떨어지는 작품이 많아졌다. 캐릭터와 서사가 중요한 웹소설에서 특별한 자신만의 문장이나 문체의 필요성은 떨어지더라도 문장의 가독성은 중요한 문제다. 흔히 웹소설계에서 말하는 '필력'은 대다수 이 '가독성'을 의미한다. 비문이 없고 맞춤법이 맞으며 읽기 편한 글이 드물기 때문에 가독성만으로도 작품의 경쟁력을 확보할 수 있다.

웹소설의 매체적 특성 또한 교정의 중요성을 뒷받침

한다. 웹소설은 종이가 아닌 디스플레이를 통해 읽는 글이다. 특히 웹소설은 주로 독서 행위가 자그마한 스마트폰 화면을 통해 이루어지기 때문에 짧고 읽기 쉬운 문장이 소구된다. 이런 점에서 뚜렷한 문체와 특징을 드러내지 못하지만, 문장의 가독성을 높여 주는 AI의 교정 · 교열은 웹소설을 창작하는 데 중요한 도구라 할 수 있다.

AI 교정의 장점은 신속성과 다양성이다. 예컨대 "그는 길고 긴 밤을 걸었다"와 같은 문장은 AI 교정을 거치면 "그는 끝나지 않을 것 같은 밤을 걸었다"처럼 간결하고 자연스럽게 바뀐다. 또한 "그는 문을 열었다"라는 기본 문장을 "그는 문을 벌컥 열었다", "그는 문을 조심스레 열었다"와 같이 변주해 주어, 작가가 상황에 맞는 어휘를 선택할 수 있도록 돕는다.

그러나 AI 교정은 기본적으로 표준화된 문어체를 선호하기 때문에 웹소설 특유의 대화체 · 속어 · 장르적 과장 표현을 무심코 제거하거나 무디게 만들 수 있다는 것을 간과해선 안 된다. 로맨스 판타지에서 흔히 사용되는 과장된 감정 표현이나, 무협 소설의 한자어식 어투는 교정 과정에서 희석될 위험이 있다. 따라서 작가는 AI가 제시한 문장을 곧바로 수용하기보다, 고유한 문체와 캐릭터의 개성을 유지할 수 있도록 재조정해야 한다.

AI 교정은 작가의 문장을 대신 써 주는 것이 아니라 작가가 놓친 오류를 보완하고 표현을 확장할 수 있는 보조 장치라 할 수 있다. 초보 작가에게는 문법적 안정감과 기본 가독성을 확보해 주는 안전망이 되고, 숙련된 작가에게는 어휘 변주와 문체 실험을 위한 실습 도구로 기능한다. 특히 댓글과 선호작 수치가 즉각적으로 반영되는 플랫폼 연재 환경에서 가독성은 단순한 글쓰기의 문제가 아니라 독자 유지와 직결되는 생존의 조건이 된다. 이런 점에서 AI 교정 · 교열은 웹소설 창작 현장에서 가장 실질적이고 즉각적인 도움을 제공하는 도구라 평가할 수 있다.

## 스타일 피드백

웹소설 창작에서 교정이 문법적 안정성과 가독성을 확보하는 과정이라면 스타일 피드백은 한 걸음 더 나아가 글의 개성과 분위기를 조율하는 단계라 할 수 있다. 문장이 정확하더라도 어휘 선택과 리듬, 장르적 톤이 독자의 기대와 맞지 않으면 작품은 매끄럽지 않게 읽히거나 밋밋하다는 평가를 받게 된다. 따라서 작가는 단순한 오류 교정을 넘어, 문체와 서술 방식이 장르적 규범 및 독자 취향에 부합하는지를 점검할 필요가 있다.

AI는 이러한 스타일 피드백 과정에서 유용한 보조 도구가 될 수 있다. 예컨대 동일한 문장을 두고 "좀 더 로맨스 판타지 분위기에 맞게 다듬어 달라"거나 "스릴러 장르 특유의 긴장감을 살려 달라"라고 요청하면, AI는 같은 내용도 톤과 어휘를 달리 변주한 문장을 제시한다. 이를 통해 작가는 자신의 문체가 특정 장르 독자들에게 어떻게 받아들여질지를 간접적으로 확인할 수 있다.

특히 웹소설은 장르적 규범과 문체적 코드가 뚜렷하기 때문에 AI의 스타일 피드백은 일종의 장르 적합성을 점검하는 역할을 수행한다. 로맨스 판타지에서 "그의 눈빛은 차갑지만 속에는 불꽃이 일렁였다" 같은 과장된 서술은 장르적 몰입을 강화하지만, 법정물이나 기업물에서는 오히려 과잉 표현으로 느껴질 수 있다. AI는 이러한 맥락 차이를 드러내어, 작가가 장르와 캐릭터에 맞는 어휘와 서술 톤을 선택하도록 돕는다.

그러나 AI가 제시하는 피드백은 어디까지나 평균적 경향에 머무른다는 점을 유의해야 한다. 독창적인 문체, 개성적인 어투, 혹은 의도적인 파격은 AI 교정 과정에서 '비문'이나 '과잉'으로 처리될 가능성이 있다. 예컨대 독자가 '병맛 개그'로 소비하는 일부 웹소설 문체는 전통적 문법 기준으로는 어색해 보이지만, 장르적으로는 강력한 매력 요소다. 이런 경우 AI의 피드백을 그대로 수용한다면 작품의 개성이 오히려 훼손될 수 있다.

AI 스타일 피드백의 가치는 정답 제시에 있지 않고, 작가가 자신의 문체와 장르적 톤을 상대화하여 점검할 수 있는 거울에 있다. 초보 작가에게는 자신의 글이 장르적 문법과 어느 정도 맞는지 확인하는 학습 도구가 되고, 숙련된 작가에게는 문체를 실험하고 변주할 수 있는 참고 자료가 된다.

정리하자면 스타일 피드백 도구로서의 AI는 작가의 문체를 대체하는 것이 아니라 장르적 기대와 독자적 감각을 비추어 보게 하는 비평적 독자의 역할을 수행한다. 따라서 창작자는 AI가 제시하는 피드백을 그대로 받아들이기보다는, 작품의 성격과 캐릭터의 개성에 맞게 선별적으로 활용해야 한다. 이런 과정에서 AI는 단순한 교정기를 넘어, 작가의 문체를 점검하고 성찰하게 만드는 촉매제가 될 수 있다.

## 사회적 코드와 밈의 한계

웹소설에서 활용되는 사회적 코드와 밈은 단순히 문장을 매력적으로 꾸미는 장치에 그치지 않는다. 그것들은 빠르게 변화하는 웹소설의 트렌드를 반영하며, 장르적

규범을 드러내는 지표로서 기능한다. 특정 표현은 특정 장르나 전개 방식의 기대치를 즉각적으로 드러내고, 독자들 사이에서 공유되는 해석 틀을 형성한다. 예컨대, 웹소설 독자들은 외신이나 '황색'이라는 표현을 통해 해당 웹소설이 크툴루(Cthulhu) 신화를 차용했다는 것을 추론하거나 캐릭터의 어투나 모에(萌え)적 요소를 통해 캐릭터의 성격과 특징 그리고 배경까지 추론하기도 한다. 이런 점에서 코드와 밈은 단순한 서사적 장식이 아니라, 웹소설 장르를 규정하는 핵심 장치이자 독자와 작가가 소통하는 공통 언어라 할 수 있다.

특히 이러한 사회적 코드와 밈은 웹소설 속에 반영된 독자의 욕망을 드러낸다는 점에서 중요한 의미를 가진다. 웹소설 독자층은 특정한 판타지를 추구하거나 반복적인 클리셰를 즐기며, 동시에 새로운 변주를 요구한다. 이때 코드와 밈은 독자 욕망의 즉각적인 표출이자, 플랫폼에서 끊임없이 갱신되는 트렌드의 집약체로 작동한다. 예를 들어 앞서 이야기한 모에화된 캐릭터가 바로 독자의 욕망에 의해 조형된 것이라고 볼 수 있다.

그러나 현재의 AI는 이러한 사회적 코드와 밈을 충분히 이해하고 재현하는 데 한계를 보인다. 표준어 기반의 교정 · 교열 모델은 여전히 세대적 은어, 특정 장르 공동

체의 표현, 서브컬처(sub-culture)적 밈을 비문이나 불필요한 중복으로 처리하는 경향이 있다. 그 결과 AI가 제시하는 문장은 문법적으로는 매끄럽지만 웹소설 특유의 리듬과 공동체적 감각을 담아내지 못한다. 이는 언어가 단일 체계가 아니라 다양한 장르적 · 세대적 · 개인적 체계로 구성되어 있음에도 불구하고, AI가 이를 포괄적으로 학습하지 못했기 때문이다(김준현, 2023: 151).

박성준(2024b)의 분석 역시 이러한 한계를 구체적으로 보여 준다. 그는 AI가 상황 묘사와 줄거리 요약에는 능숙했지만, 웹소설 특유의 사회적 코드와 세부적인 뉘앙스를 구현하지 못해 개연성이 떨어지고 설정 오류가 발생하는 경우가 많았다고 지적한다. 이는 곧 웹소설 창작에서 코드와 밈이 단순한 언어적 장식이 아니라 독자의 욕망과 장르 규범을 매개하는 핵심 요소임을 방증한다.

AI 교정 · 피드백을 활용하는 과정에서 가장 중요한 것은 코드와 밈을 단순히 '문법적 오류'나 '비표준적 표현'으로 치부하지 않는 태도다. 그것들은 작품의 정체성을 구성하는 언어적 자원이자, 독자와 작가의 상호 작용을 가능하게 하는 사회적 언어다. AI는 이를 아직 완벽히 학습하지 못하고 있으므로 웹소설 창작자는 코드와 밈을 의식적으로 보존하고 변주하는 주체적 역할을 수행해야 한다.

## 참고문헌

김준현(2023). "AI시대의 도래와 웹문예창작/교육". 《돈암어문학》, 44, 129~161쪽.

박성준(2024a). 《한국 MZ세대의 웹소설 소비 연구》. 한국외국어대학교 박사학위논문.

박성준(2024b). "AI를 활용한 웹소설 창작의 현재와 미래 - AI 웹소설 창작 플랫폼을 중심으로". 《문화콘텐츠연구》, 32, 199~241쪽.

이유나 외(2024). "ChatGPT 피드백과 동료 피드백이 중학생 글쓰기 능력에 미치는 영향". 《교육방법연구》, 36(2), 111~137쪽.

이청분(2023). 《챗GPT와 웹소설 쓰기: 집필 한 달 만에 출판사 계약 성공!》. 멀리깊이.

東浩紀(2001). *動物化するポストモダン*. 講談社現代新書. 이은미 옮김(2007). 《동물화하는 포스트모던》. 문학동네.

東浩紀(2007). *ゲーム的リアリズムの誕生*. 講談社. 장이지 옮김(2012). 《게임적 리얼리즘의 탄생》. 현실문화연구.

## 07
# AI 웹소설 창작 플랫폼의 유형과 특징

웹소설은 장르적 규범과 대량 텍스트라는 특성 덕분에 AI 활용에 적합한 콘텐츠로 평가된다. 이 때문에 빠르게 AI 웹소설 창작 플랫폼이 등장했고, 이는 독자와 작가 모두에게 새로운 가능성을 제시하는 동시에 기술적 · 창작적 한계를 드러내며 향후 발전 방향을 모색하게 한다.

AI와 애니메이션?

## 웹소설 창작 플랫폼의 등장 배경과 구조

AI 웹소설 창작 플랫폼은 독자적인 인공지능 모델을 개발한 결과물이 아니라, 이미 상용화된 거대 언어 모델의 API(Application Programming Interface)를 호출해 기능을 재구성한 응용 서비스다. 다시 말해, 플랫폼은 새로운 AI 자체를 만드는 것이 아니라 기존 AI 모델을 특정 맥락에 맞게 가공하여 제공하는 서비스라는 성격이 강하다. 이러한 플랫폼이 등장한 배경에는 크게 세 가지 흐름이 작동한다.

첫째, 생성형 AI의 대중화다. 2022년 ChatGPT 공개 이후, 누구나 AI에게 글쓰기를 요청할 수 있는 환경이 마련되면서 웹소설 역시 AI 활용의 주요 장르로 떠올랐다.

둘째, 웹소설 시장의 성장과 포화다. 웹소설은 이미 한국과 중국을 중심으로 대규모 시장을 형성했으며, 플랫폼 경쟁 또한 치열하다. 이에 따라 차별화된 서비스와 새로운 수익 모델이 필요해졌다. AI 웹소설 창작 플랫폼은 바로 이 지점에서 웹소설 산업에 신기술을 접목하여 새로운 비즈니스 모델을 창출하려는 시도의 일환으로 등장했다.

셋째, AI 생태계의 상업적 구조다. AI 모델을 직접 개발하는 것은 막대한 비용과 자원을 요구하기 때문에, 다수의 기업들은 독자적 AI 개발이 아니라 기존 AI의 API를 불러와 편의 기능을 얹는 방식을 선택했다. 이 경우, 핵심 가치는 AI 모델의 성능이 아니라, ① 웹소설 장르에 특화된 사용자 경험(UX), ② 템플릿(template)과 기능 설계, ③ 커뮤니티 및 유통 구조에서 창출된다.

특히 주목할 점은, AI 웹소설 서비스가 단순한 글쓰기 보조 도구를 넘어 '플랫폼'으로 기능한다는 사실이다. 즉, 개별 작가가 ChatGPT를 직접 활용하는 것과 달리, 플랫폼은 창작 도구, 커뮤니티, 시장을 결합한 생태계를 지향한다. 단순히 창작 도구를 제공하는 데 그치지 않고, 작품 업로드와 노출 기회를 마련하며, 수익화 구조까지 지원함으로써 자체적인 창작 생태계를 구축하려는 것이다. 이러한 시도는 AI 웹소설이 본질적으로 갖는 한계, 즉 AI 창작물의 저작권 문제를 일정 부분 우회하려는 전략으로도 이해될 수 있다.

이처럼 AI 웹소설 창작 플랫폼의 가치는 인공지능 자체의 창작 능력보다는, AI를 둘러싼 UX 설계와 시장 운영 능력에 의해 좌우된다. 다시 말해, 오늘날의 플랫폼들은 AI가 '작가'로서 글을 쓰는지 여부보다는 사용자가 '창작하는 경험'을 어떻게 효율적으로 제공할 것인지에 더 큰 초점을 맞추고 있다.

이런 점에서 AI 웹소설 창작 플랫폼이 창작의 혁신적 가능성을 열었다기보다 AI를 활용한 새로운 소비·유통 모델을 창출하려는 산업적 기획에 가깝다고 볼 수 있다. '플랫폼'이라는 구조는 결국 개별 창작자가 AI와 작업하는 차원을 넘어, 다수의 사용자가 모여 상호 작용을 하고, 콘텐츠를 거래하고, 시장을 형성하는 장을 만들어 내고자 한 것이다.

## 향유자 중심의 AI 웹소설 플랫폼

향유자 중심의 AI 웹소설 플랫폼은 창작자를 직접 지원하는 도구라기보다는 독자가 웹소설을 '체험'하는 방식을 변화시키는 서비스다. 흔히 'AI 인터랙티브 스토리텔링 플랫폼'으로 불리는 이들은 AI를 웹소설 창작에 필요한 도구로 이해하기보다 새로운 방식의 '글쓰기 경험(play)'을 제공하는 도구로 바라본다. 즉, 향유자 중심 플랫폼은 AI를 통해 독자에게 이야기의 전개 과정에서 능동적으로 개입하고 선택하는 재미를 주고자 한다.

대표적인 사례로는 GPTRPG, 제타(zeta), 스플: 선택형 스토리(이하 '스플') 등이 있다. 이들은 웹소설을 문학 장르라기보다 텍스트 기반의 디지털 게임북(gamebook) 혹은 텍스트 RPG(Role-Playing Game)에 가깝게 해석한다. 특히 생성형 AI는 기존 게임북과 달리 한정된 선택지를 넘어, 무한한 변주와 자유도를 제공한다는 점에서 차별화된다.

예컨대 스플은 독자는 이미 존재하는 인기 웹소설이나 오리지널 콘텐츠를 기반으로 등장인물의 이름을 자신의 이름이나 좋아하는 아이돌 이름으로 바꾸고, 특정 선택지에 따라 서사의 분기를 경험할 수 있다. 이는 사용자에게 연애 시뮬레이션 게임 혹은 새로운 방식의 팬픽을 경험하도록 한다.

GPTRPG는 ChatGPT를 기반으로 사용자가 시나리오를 선택하고 주인공의 이름을 정한 뒤 이야기를 진행할 수 있다. 그러나 이때의 '진행'은 글을 창작하는 행위가 아니라 플레이어가 선택지를 고르거나 직접 제시해 서사를 움직이는 게임적 경험에 가깝다. 즉, 시나리오는 특정 상황이 서술하고 사용자는 제시된 선택지 혹은 직접 선택지를 만들어 제시할 수 있다. 예컨대 포스트아포칼립스 속 주인공이 좀비를 만났을 때, 선택지로 "맞서 싸우기" 혹은 "뒤로 도망치기" 등이 나왔지만, 직접 "좀비인 척 도망치기"라는 새로운 선택지를 입력할 수 있다. 그러면 AI가 직접 입력한 내용을 이해하고 그에 맞추어 사건을 전개해 주는 것이다. 이런 점에서 GPTRPG는 자유도가 무한한 게임북에 가깝다고 할 수 있다.

이외에도 GPTRPG는 사용자가 주인공 시점뿐 아니라 제3자 또는 서술자의 시점에서도 이야기를 개입 · 조정할 수 있도록 한다. 이는 단순히 게임을 하거나 독서를 하는 것이 아닌, '이야기 만들기'라는 놀이적 창작 행위를 경험하게 한다.

그리고 GPTRPG는 사용자가 직접 만들어 낸 시나리오와 이야기를 공유하고, 타인의 창작물을 감상할 수 있도록 하여 일종의 커뮤니티의 기능을 수행한다. 이처럼 이러한 향유자 중심의 플랫폼은 기존 텍스트에 개인적 개입을 가능하게 하는 장치와 완성된 이야기를 전시하고 공유할 수 있는 기능을 통해 독자에게 단순한 수용자가 아니라 서사의 공저자(co-author)라는 환상을 제공한다.

그러나 이러한 향유자 중심의 플랫폼은 '창작 도구'라기보다 '놀이 기제'에 가깝다는 점에서 한계가 있다. 이들은 독자가 웹소설을 '직접 써 본다'는 체험을 제공하지만, 실제로는 플랫폼이 제공하는 시나리오와 규칙 위에서 변주를 허용하는 수준에 머무른다. 다시 말해, 웹소설 창작을 위한 본격적인 AI 도구라기보다는, AI를 활용한 새로운 독서-놀이 경험을 제공하는 실험적 사례라고 할 수 있다.

정리하자면 향유자 중심 AI 웹소설 플랫폼의 핵심 가치는 서사 향유의 방식 변화에 있다. 독자는 더 이상 완결된 서사를 수동적으로 소비하는 존재가 아니라 이야기 전개에 개입하고 변형시키는 참여자가 된다. 하지만 그 '참여'가 곧바로 독립적 창작으로 이어지지는 않으며, AI는 여기서 독자에게 창작의 자유를 흉내 내게 하는 '인터랙티브 장치'로 작동한다.

## 작가 중심의 AI 웹소설 플랫폼

향유자 중심 플랫폼이 웹소설을 읽고 체험하는 방식을 변화시켰다면, 작가 중심의 AI 웹소설 플랫폼은 창작 과정 그 자체를 지원하는 데 초점을 맞춘다. 이들은 독자의 놀이적 경험보다는, 실제로 작품을 쓰는 작가가 기획·집필·편집 단계에서 AI를 도구로 활용하도록 설계되어 있다.

작가 중심 플랫폼 중 일부는 다양한 글쓰기를 지원하는 범용 AI 플랫폼이다.

대표적으로 아이마이폰 챗아트(iMyFone ChatArt)는 GPT-4·Google Gemini·Claude 3 Opus 등 다양한 모델을 연결해 장편소설, 기사, 광고, 시 등 여러 형태의 글쓰기를 지원한다. 사용자는 장르(판타지, 로맨스, 스릴러 등), 시점(1인칭/3인칭), 톤(유머러스, 슬픔, 분노 등)을 선택하고, 간단한 아웃라인을 입력하면 AI가 이를 확장해 서사를 제시한다. 그러나 실제 결과물은 '아웃트라인에 살을 붙여 주는 수준'에 머무르며, 독창적 서사 설계나 장르 클리셰의 변주는 한계가 있다는 점이 지적된다. 이런 점에서 웹소설 같은 긴 호흡의 장치보다는 짧은 기고 글을 쓰는 데 도움받을 수 있는 플랫폼이라고 사료된다.

이에 비해 아이작 노벨(AIZAC Novel)은 웹소설 창작에 특화된 플랫폼을 표방한다. 이 플랫폼은 시놉시스 작성, 세계관 구축, 등장인물 설정, 편집 및 표지 제작까지 웹소설 집필의 전 과정을 단계별로 지원한다. 특히 특징적인 점은 화(話) 단위 집필 지원으로, 작가가 설정한 인물과 세계관을 바탕으로 각 화별로 내용을 작성하도록 돕는다. 즉, 한계가 있지만 '설정집'을 만들 수 있는 것이다.

또한, 아이작 노벨의 시놉시스는 GPTRPG의 시나리오처럼 완성된 이야기 구조가 아니라, 간단한 장르적 프롬프트를 제공하고 사용자가 직접 수정 · 보완할 수 있도록 한다. 따라서 사용자는 단순히 주어진 시나리오를

'플레이' 하는 것이 아니라, 자신의 창작 설정을 기반으로 AI를 동원할 수 있다는 점에서 향유자 중심 플랫폼과 뚜렷한 차이를 보인다.

작가 중심 플랫폼은 AI를 웹소설 집필의 동반자를 표방한다. 초보 작가에게는 기획과 집필의 부담을 덜어주고, 숙련된 작가에게는 플롯 구상이나 문장 다듬기 같은 세부 작업을 위임할 수 있는 실용적 도구가 된다. 그러나 현 단계의 플랫폼들은 여전히 기본 모델(API)의 한계를 크게 벗어나지 못하고 있으며, 창작 도구로서 추가적인 비용을 지불할 설득력 있는 근거를 제시하지 못하고 있다. 다만 이러한 플랫폼들은 단순한 AI 창작 도구를 넘어, AI를 활용한 작품의 공유와 수익 창출을 지원하는 플랫폼적 기능에서 그 가능성을 모색하고 있다.

## 참고문헌

김준현(2023). "AI시대의 도래와 웹문예창작/교육". 《돈암어문학》, 44, 129~161쪽.

박성준(2024). "AI를 활용한 웹소설 창작의 현재와 미래 - AI 웹소설 창작 플랫폼을 중심으로". 《문화콘텐츠연구》, 32, 199~241쪽.

이유나 외(2024). "ChatGPT 피드백과 동료 피드백이 중학생 글쓰기 능력에 미치는 영향". 《교육방법연구》, 36(2), 111~137쪽.

이청분(2023). 《챗GPT와 웹소설 쓰기: 집필 한 달 만에 출판사 계약 성공!》. 멀리깊이.

## 08
## 주요 AI 웹소설 플랫폼의 실제 분석과 한계

AI 웹소설 창작 플랫폼은 다양한 기능과 실험을 통해 새로운 창작 환경을 제시하고 있다. 그러나 실제 운영 사례를 살펴보면, 독창적 서사보다는 패턴화된 전개가 두드러지고, 장기적 맥락 유지나 사회적 코드 재현에는 한계가 드러난다. 따라서 주요 플랫폼의 기능과 성과를 구체적으로 분석하는 것은 AI 웹소설 창작의 현재 수준과 향후 발전 가능성을 가늠하는 중요한 단서가 된다.

AI와 인재 채용?

## AI 웹소설 창작 플랫폼의 종합 비교

AI 웹소설 창작 플랫폼은 공통적으로 거대 언어 모델의 API를 기반으로 하지만, 이를 어떻게 구현하고 사용자 경험으로 연결시키느냐에 따라 뚜렷한 차이를 보인다. 특히 향유자 중심 플랫폼과 작가 중심 플랫폼은 단순히 기능의 차이가 아니라, 사용자가 플랫폼에서 기대하는 참여 방식과 몰입 경험을 달리한다는 점에서 의미가 있다.

사용자 경험 차원에서 보면 향유자 중심 플랫폼은 참여와 놀이에 초점이 맞추어져 있어 독자가 곧 플레이어이자 잠정적 창작자가 된다. 반면 작가 중심 플랫폼은 창작 과정의 효율화에 방점을 두어, 아마추어 작가에게는 기초적 완성도를 보장해 주고, 프로 작가에게는 속도와 반복 작업의 부담을 줄여 주는 실질적 도구로 기능한다.

정리하자면 향유자 중심의 플랫폼은 "웹소설 창작의 놀이화"라는 특징을 가지며, 작가 중심의 플랫폼은 "웹소설 집필의 자동화 · 효율화"를 지향한다. 전자가 독자의 참여와 체험을 전면에 내세운다면, 후자는 창작자가 보다 안정적으로 텍스트를 생산하고 공유할 수 있는 기반을 마련한다. 이러한 비교는 향후 AI 웹소설 플랫폼이 어떤 사용자 집단을 중심으로 발전할 것인지, 그리고 어떤 기능을 차별화의 핵심으로 삼을 것인지 가늠하게 해 준다.

결국 두 유형의 플랫폼은 AI가 웹소설에 기여하는 방식을 극명하게 보여 준다. 향유자 중심 플랫폼은 웹소설을 향유하는 새로운 놀이 문화를 창출하며, 작가 중심 플랫폼은 웹소설을 생산하는 산업적 기반을 강화한다. 이러한 차이는 앞으로 AI 웹소설 플랫폼이 문화적 실험의 장이 될지, 아니면 산업적 인프라로 자리 잡을지를 가늠하게 해 준다.

## 《전지적 독자 시점》과 AI 창작물 비교 분석

우리는 앞서 AI 웹소설 창작 플랫폼의 기능과 특징을 정리하였다. 이제 본격적으로 《전지적 독자 시점》(이하 《전독시》)의 1화를 대조군으로 삼아, AI 창작 결과물이 어느 수준에 도달해 있는지를 검토한다. 이 분석은 필자의 논문 "AI를 활용한 웹소설 창작의 현재와 미래"의 분석 결과물을 정리한 것이다.

비교 분석은 iMyFone ChatArt와 아이작 노벨이 생성한 텍스트를 중심으로 진행하며, 비교 관점은 ① 정보 제공의 충실성, ② 몰입 유도의 장치, ③ 장르적 규범의 활용, ④ 창작과 요약의 경계로 설정하였다.

### 정보 제공의 충실성

《전독시》의 1화는 주인공 김독자의 이름, 성격, 일상적 디테일을 치밀하게 보여 주며, 이후 사건('멸살법'의 현실화)을 위한 기반을 마련한다. 독자는 인물의 평범함과 비범함을 동시에 인식하면서 서사에 몰입한다.

반면 iMyFone ChatArt는 기본 설정을 충실히 반영했지만, 설명이 축약적이고 단선적이다. 김독자가 웹소설을 읽는다 → 지하철에 탔다 → 메일을 받았다 → 사건이 벌어진다 식으로 이어져, 인물의 개성이나 일상적 디테일은 소거되었다. 아이작 노벨은 인물 설정을 입력했음에도, 등장인물의 다층적 내면을 반영하지 못하고 상황 전개를 요약하는 수준에 그쳤다.

### 몰입 유도의 장치

《전독시》는 일상적 대화(김독자-유상아)와 비일상적 사건(작가의 메일, 지하철 방송)의 대비를 통해 긴장감과 흥미를 자연스럽게 고조시킨다.

그러나 iMyFone ChatArt는 사건 도입이 지나치게 빠르고, 주인공의 자기 비하적 유머나 사회적 현실에 대한 풍자가 제거되면서 몰입감이 크게 약화된다. 아이작 노벨은 선택지 기반 전개를 통해 흥미 요소를 제공하지만,

인물들이 상황을 쉽게 납득하거나 비현실적으로 반응하는 경우가 많아 긴장감이 떨어졌다.

### 장르적 규범의 활용

《전독시》는 웹소설 문법의 핵심인 "평범한 인물 → 특별한 사건 → 비범성 발휘" 구조를 충실히 따르며, 동시에 자기 비하적 유머, 메타적 독서 경험, 사회적 비판 등 다양한 장르 장치를 촘촘히 배치한다.

AI 결과물은 클리셰를 일정 부분 모방했으나, 전형적 표현에 머무른다. iMyFone ChatArt는 "그는 더 이상 단순한 독자가 아니었다" 같은 진부한 문장을 반복했고, 아이작 노벨은 "이제 진짜 게임이 시작된다"와 같은 클리셰적 결말을 활용했다. 즉, 장르적 문법을 흉내 내되 창의적 변주에는 실패했다.

### 창작과 요약의 경계

《전독시》는 약 5천 자 분량 속에서 인물의 개성, 사건의 맥락, 세계관의 단서를 입체적으로 제시한다. 반면 AI 결과물은 iMyFone ChatArt가 약 600자, 아이작 노벨이 1천~2천 자 내외로, 서사보다는 줄거리 요약에 가까운 텍스트를 생성했다. 특히 아이작 노벨은 선택지를 통한 확장이 가능했으나, AI 기반 모델들이 가지는 '토큰'의 한계로 인해 어디까지나 상황을 '간추려 설명'하는 수준이었다.

**종합 평가**

요약하자면 AI 창작 플랫폼의 산출물은 아마추어 웹소설 작가 수준의 가독성은 확보했으나, 성공한 웹소설이 보여 주는 입체적 인물 묘사, 정교한 세계관 설계, 장면별 몰입감 있는 연출에는 미치지 못했다. AI는 기본 서사 구조와 클리셰는 모방할 수 있으나, 작품의 개성을 만들어 내는 세부적 디테일, 사회적 코드, 독자적 욕망의 반영에는 여전히 한계를 드러낸다. 이는 곧 AI가 아직 웹소설 창작의 '총체적 시야'를 확보하지 못하고, 주어진 정보를 압축 · 재배열하는 수준에 머물고 있음을 보여 준다.

## AI 웹소설 창작 플랫폼의 의의와 한계

AI 웹소설 창작 플랫폼에 대한 비교 분석을 통해 다음과 같은 의의와 한계를 도출할 수 있다. 먼저, AI 웹소설 창작 플랫폼은 웹소설 창작의 문턱을 낮추었다. 전통적으로 웹소설 창작은 일정 수준 이상의 글쓰기 훈련과 꾸준한 집필 습관이 필요하다. 그러나 AI 플랫폼은 초보 작가에게 최소한의 줄거리와 캐릭터 설정만으로도 이야기를 전개할 수 있는 환경을 제공한다. 이는 "쓰고 싶지만 어떻게 시작할지 막막했던" 잠재적 창작자들에게 실질적 도움을 준다.

둘째, 창작 과정의 효율성을 높였다. 아이디어 발상, 교정 · 교열, 장면 전개 등 반복적이고 기계적인 작업을 AI가 일정 부분 담당함으로써 작가는 자신의 개성과 상상력을 더 중요한 부분에 집중할 수 있다. 이는 특히 회차 단위로 빠른 연재가 요구되는 웹소설 시장의 특성과 부합한다.

셋째, 새로운 향유 방식을 제시했다. GPTRPG나 스플과 같은 향유자 중심 플랫폼은 웹소설을 단순히 '읽는 텍스트'가 아니라, 직접 플레이 하며 변주할 수 있는 인터랙티브 콘텐츠로 확장하였다. 이는 웹소설을 게임적 요소와 접목시키며 향유 경험의 지평을 넓힌다.

그러나 동시에 현 단계의 AI 웹소설 창작 플랫폼은 뚜렷한 한계를 지닌다. 먼저, 총체적 시야의 부재다. AI가 생성한 텍스트는 부분적으로 개연성을 확보할 수 있으나, 이야기 전체를 일관되게 설계하고 인물의 장기적 변화를 담아내는 데 실패했다. 이는 AI가 "스토리텔러"라기보다는 "서술 보조자"에 머물고 있음을 보여 준다.

둘째, 사회적 코드와 뉘앙스 반영의 한계다. 웹소설은 동시대 독자의 욕망, 유행하는 밈, 장르적 문법에 긴밀히 결합되어 있다. 그러나 AI는 표준어 기반의 문체를 우선시하기 때문에 독자층이 즐기는 은어 · 패러디 · 세대적 언어 감각을 제대로 구현하지 못한다. 이로 인해 텍스트는 매끄럽지만 개성이 부족하고, 독자에게는 낯설거나 밋밋하게 다가올 수 있다.

셋째, 창작의 창의성 결핍이다. AI가 만들어 낸 문장은 일정 수준의 가독성을 확보했으나, 대부분 전형적이고 클리셰적인 표현에 머문다. '평범한 직장인이 비범한 세계에 들어간다'는 기본 서사 구조를 반복할 수는 있지만, 독자를 놀라게 하거나 장르적 규범을 새롭게 변주하는 창의성은 부족하다.

넷째, 다수의 AI 웹소설 플랫폼은 독자적 AI 모델을 개발하기보다는 OpenAI, Google Gemini 등의 API를 불러와 사용자 친화적 인터페이스와 커뮤니티를 덧붙이는 방식에 그친다. 따라서 결과물의 질은 근본적으로 모델의 한계에 종속되며, 플랫폼이 제공하는 편의 기능 이상의 독창성을 발휘하기 어렵다.

정리하자면 AI 웹소설 창작 플랫폼은 "창작의 민주화"

와 "향유 방식의 다변화"라는 측면에서 분명한 의의를 가진다. 그러나 현 단계에서는 "완성도 있는 웹소설 창작"보다는 "창작 지원 도구"에 머무르고 있으며, 특히 웹소설이 가진 사회적 맥락과 독자적 욕망을 섬세하게 반영하는 데에는 부족한 모습을 보인다. 따라서 향후 AI 웹소설 플랫폼이 발전하기 위해서는 총체적 서사 관리 능력과 사회적 코드 학습 능력의 보완이 필수적이라 할 수 있다.

### 참고문헌

박성준(2024). "AI를 활용한 웹소설 창작의 현재와 미래 – AI 웹소설 창작 플랫폼을 중심으로". 《문화콘텐츠연구》, 32, 199~241쪽.

## 09
# AI 창작 웹소설의 문제점과 보완 방안

AI는 웹소설 창작의 속도를 높였지만, 장기 기억 부재로 인한 총체적 서사의 취약, 사회적 코드와 장르 규범의 불완전한 반영, 태그(~물) 활용의 미흡 등 본질적 과제가 뚜렷하게 드러난다. 그렇다면 이러한 한계들을 우리는 어떻게 극복할 수 있을까? 그 가능성과 한계를 탐색해 보고자 한다.

AI와 기자?

## 장기 기억의 부재와 총체적 서사의 한계

AI 웹소설 창작의 가장 큰 문제 중 하나는 장기 기억의 부재다. 현행 AI 모델은 단기적인 문맥 이해와 국소적인 장면 서술에는 강점을 보이지만, 장편 웹소설에서 요구되는 총체적 서사 운영 능력은 현저히 부족하다. 특히 수십, 수백 화에 걸쳐 진행되는 웹소설에서 필수적인 설정의 연속성, 복선의 회수, 인물의 성장과 변주는 현행 AI의 취약함이 가장 잘 드러나는 지점이다. 그 결과, 이야기가 진행될수록 캐릭터의 성격이 변질되거나 앞선 사건과 모순되는 전개가 발생하는 경우가 많다. 이는 독자에게 개연성 부족으로 인식되며, 작품에 대한 몰입도를 크게 떨어뜨린다.

이러한 한계는 AI의 구조적 특징에서 비롯된다. AI는 본질적으로 단기 기억 기반의 자연어 처리 모델이기 때문에 일정 길이를 넘어서는 맥락을 유지하지 못한다. 특정 인물의 심리 변화, 관계의 누적된 긴장, 세계관의 세밀한 규칙 등은 장기적 추적이 필요한데, 현행 AI는 이를 처리할 수 있는 메모리 장치를 갖추지 못한 상태다. 따라서 웹소설에서 중요한 "시간에 따른 변화"를 재현하는 데 취약하다.

이를 보완하기 위한 방법으로는 장기 기억 모델

(long-term memory)과 설정 추적 시스템의 도입이 필요하다. 장기 기억 모델은 이전 화에서 발생한 사건, 캐릭터의 발언, 설정된 규칙 등을 데이터베이스화하여 이후 창작 과정에서 지속적으로 참조할 수 있게 하는 기능이다. 설정 추적 시스템은 인물의 성격, 관계, 사건의 흐름 등을 구조화된 방식으로 기록 · 관리하며, AI가 매 장면을 생성할 때마다 이를 자동으로 교차 검증하도록 지원한다. 이를 통해 "전개상의 충돌"을 최소화하고, 장편 웹소설 특유의 일관성을 확보할 수 있다.

또한, 전이 학습(transfer learning) 기법을 웹소설 창작에 특화하여 적용하는 것도 대안이 될 수 있다. AI가 특정 태그(예: '회귀물', '헌터물', '빙의물')를 입력받았을 때, 그 태그가 지닌 장르 규범과 전형적 전개 방식을 학습하여 자연스럽게 반영하도록 모델을 최적화하는 것이다. 이렇게 되면 단기적 맥락뿐만 아니라 장르적 규범까지 함께 반영되어, 장기 서사의 개연성을 강화할 수 있다.

장기 기억의 확보와 전이 학습 기반 최적화는 단순히 AI의 기술적 발전 과제가 아니라, 웹소설의 장르 특성과 독자적 기대에 부응하기 위한 필수적 보완 과제라 할 수 있다.

## 사회적 코드와 장르 규범의 미흡한 반영

AI가 생성한 웹소설에서 두드러지게 나타나는 또 다른 한계는 사회적 코드와 장르 규범의 미흡한 반영이다. 현재의 AI는 문법적으로 매끄럽고 읽기 쉬운 문장을 생산하는 데에는 능숙하지만, 웹소설 독자들이 기대하는 장르적 관습과 세부적인 사회적 맥락을 충실히 구현하지 못한다.

웹소설의 언어와 문법은 단순히 '재미있는 문장'을 만드는 차원을 넘어, 장르적 규범과 독자적 욕망을 반영하는 장치로 기능한다. 예를 들어 '회귀물'은 "비참한 과거를 가진 주인공이 다시 시작해 강자가 된다"는 내러티브 규범을 반드시 포함해야 하며, '헌터물'은 "던전, 게이트, 랭크 시스템"과 같은 세계관 요소를 갖추어야 독자들에게 장르적 기대감을 충족시킨다. 그러나 현행 AI는 이러한 세부 요소를 부분적으로 차용하더라도, 그것이 어떻게 독자의 욕망과 맞물려 장르 규범을 형성하는지 충분히 이해하지 못한다. 그 결과, 겉으로는 장르물처럼 보이지만 독자가 체감하기에는 어딘가 '헛도는' 이야기가 생산되는 경우가 많다.

또한 AI는 사회적 코드의 이해가 부족하다. 웹소설은 동시대 독자들의 가치관, 밈, 유행어를 반영하는 장르이자, 독자와의 상호 작용적 맥락 속에서 살아 움직인다. 박성준(2024)의 분석에서도 드러나듯 AI는 상황 묘사와 줄거리 요약에는 능숙했지만, 웹소설 특유의 사회적 코드와 뉘앙스를 구현하지 못해 개연성이 떨어지고 설정 오류가 발생하는 경우가 많았다.

즉, 사회적 코드와 장르 규범의 충실한 반영 없이는 AI가 만들어 낸 텍스트가 아무리 매끄럽더라도 독자의 몰입과 만족도를 담보할 수 없다. 따라서 향후 AI 웹소설의 발전은 단순한 언어 생성 기술을 넘어, 웹소설이라는 '문화적 언어'를 내면화하는 기술로 확장되어야 할 것이다.

이 문제를 해결하기 위해서는 AI 웹소설 창작 플랫폼이 태그(~물) 체계와 독자-작가 커뮤니티의 데이터를 적극적으로 학습할 필요가 있다. 태그(~물)는 단순한 분류 체계가 아니라 장르적 규범과 독자의 욕망이 압축된 신호(sign)로 기능하기 때문이다. 또한 실시간 댓글, 리뷰, 커뮤니티 반응을 학습 데이터에 반영하면, AI가 사회적 코드의 변화를 더 빠르게 포착할 수 있을 것으로 예측된다.

그러나 현 단계에서는 작가의 직접적인 개입에 의존할 수밖에 없다. 이는 웹소설에서 통용되는 사회적 코드가 보편적인 언어가 아니라 특정 집단 내에서만 이해되는 '은어'적 성격을 지니기 때문이다. 더구나 웹소설 생태계는 지나치게 역동적이어서 코드의 의미 변화를 AI가 학습해 따라잡기에는 한계가 있다. 따라서 향후 AI의 발전 속도를 단정하기는 어렵지만, 웹소설의 코드를 AI에 학습시키려는 시도보다는 이미 명시적으로 통용되는 태그(~물)를 적극적으로 활용하는 것이 보다 효과적일 것으로 판단된다.

## 태그(~물)와 장르 규범의 활용 가능성

태그(~물)는 파라텍스트(paratext)로서 이야기 내적 정보와 외적 정보를 담고 있다. 태그(~물)는 하나의 데이터베이스로서 언어의 계열체 구조와 같은 역할을 하며, 작품마다 병렬적으로 나열된 태그들이 장르적 관습과 플롯 규칙에 의해 연결된다(정은혜, 2021: 125).

웹소설 창작에서 태그(~물)는 단순한 분류 체계를 넘어, 특정 장르의 핵심 규범과 독자의 욕망을 집약한 장치로 기능한다. 예컨대 '헌터물'은 각성이라는 '우연'을 통해 신분 상승을 이루려는 욕망이 담겨 있고, '회귀물'은 과거로 돌아가 후회를 바로 잡거나 미래의 지식을 통해 성공하고자하는 욕망이 담겨 있다. 이처럼 태그(~물)는 작품의 소재 · 서사 · 캐릭터를 규정짓는 관습이자 독자와 작가 사이의 암묵적 약속이다. 따라서 태그(~물)를 제대로 활용하지 못하면, 작품은 독자가 기대하는 장르적 규범을 충족시키지 못하고 어딘가 낯설거나 어색한 서사로 읽히게 된다.

현재 AI 웹소설 창작 플랫폼은 이러한 태그(~물)를 단순히 '소재 키워드' 정도로 처리하는 수준에 머무르고 있다. 그러나 태그(~물)는 장르적 규범을 지시하는 동시에 작품 속에서 반드시 구현되어야 할 서사적 장치와 캐릭터 구도를 포함한다. 예컨대 '천마물'의 경우, 독자들은 주인공이 무협이나 무협과 연관된 캐릭터 혹은 무공을 쓰는 캐릭터라고 이해하며, 성격이 괴팍하거나 힘을 숭상하고 강력한 캐릭터로 이해한다. 각 소설에 따라 천마라는 캐릭터의 구체적인 속성은 다를 수 있으나, 천마가 가지는 기본적인 이미지 혹은 속성을 각 장르소설들이 공유하고 있기 때문에, 이에 대한 부연 설명이 생략되는 것이다. 또한 천마라는 캐릭터 속성이 주인공에게 부여되면 그 주인공의 배경과 성격이 특정되므로 이야기가 어떻게 전개될지 유추가 가능해진다. 그렇기 때문에 묵시적 읽기에 동의한 독자들과 작가들은 '주인공은 천마다'라는 서술만으로 극의 분위기와 이야기의 전개가 가능해진다(박성준, 2024: 182). 그러나 천마라는 캐릭터 속성을 이해하지 못하는 이들에게는 '주인공이 천마다'라는 정보만으로 전개되는 이야기의 속도를 따라잡기 버겁게 된다(박성준, 2024: 183). 따라서 태그(~물)를 AI가 제대로 학습하지 못하면 생성된 이야기는 장르 외연에 걸맞지 않은 설정 오류나 개연성 부족을 노출하게 된다.

이를 해결하기 위해서는 AI 창작 플랫폼이 전이 학습을 통해 태그(~물)별 데이터세트를 정교하게 구축하고, 각 태그(~물)가 지시하는 서사 구조와 캐릭터 관계를 모델이 내면화하도록 최적화해야 한다. 또한 태그(~물) 체계를 단순 나열식이 아니라 계층적(hierarchical) · 망형(networked)으로 정리하여 '헌터물+회귀물', '학원물+로맨스'처럼 실제 독자들이 소비하는 복합 장르물까지 자연스럽게 소화할 수 있도록 해야 한다.

나아가 태그(~물)는 AI가 독자의 욕망을 더 정밀하게 포착할 수 있는 인터페이스이기도 하다. 태그(~물)는 독자가 원하는 '재미 요소'를 직접적으로 드러내는 신호이기 때문에 AI가 이를 창작 과정에 반영할 수 있다면 독자 맞춤형 웹소설 생산도 가능하다. 예를 들어, '빙의물+아이돌+학원물'이라는 태그(~물) 조합을 입력하면, AI는 이 조합에 적합한 내러티브 패턴과 캐릭터 구도를 자동으로 구축할 수 있다.

이러한 태그(~물)를 활용한 장르 규범 반영은 AI 웹소설 창작의 보완 방안이자 발전 방향 중 하나로 지속적인 보완과 연구가 필요하다. 그러나 단순히 언어를 잘 생성하는 차원을 넘어, AI가 웹소설의 장르 문법과 규범을 이해하고 재현할 수 있을 때 비로소 인간 작가와 유사한 수준의 창작이 가능해질 것으로 사료된다.

## 참고문헌


김예니(2019). "웹소설의 미감과 장르교섭 양상". 《한국문예비평연구》, 64, 37~56쪽.

박성준(2024). 《한국 MZ세대의 웹소설 소비 연구》. 한국외국어대학교 박사학위논문.

서경숙(2021). "인공지능 시대의 자동생성문학 연구". 《현대영어영문학》, 65(2), 137~161쪽.

손남훈(2018). "웹소설, 우리 시대의 표정". 《오늘의 문예비평》, 108, 132~151쪽.

신성필(2023). "초거대 AI의 기반모델(Foundation Model) 개념 및 표준화 동향". 《한국통신학회지(정보와통신)》, 40(6), 12~21쪽.

정은혜(2021). "한국 웹소설의 태그 생성 구조". 《글로벌문화콘텐츠》, (47), 126~146쪽.

東浩紀(2007). *ゲーム的リアリズムの誕生*. 講談社. 장이지 옮김(2012). 《게임적 리얼리즘의 탄생》. 현실문화연구.

Gursesli, M. C. et. al.(2023). The chronicles of ChatGPT:

Generating and evaluating visual novel narratives on climate change through ChatGPT. *International Conference on Interactive Digital Storytelling*, pp.181~194.

Hill-Yardin, E. L. et. al.(2023). A Chat (GPT) about the future of scientific publishing. *Brain, behavior, and immunity, 110*, pp.152~154.

Htet, A. et. al.(2024). ChatGPT in content creation: Techniques, applications, and ethical implications. *Advanced Applications of Generative AI and Natural Language Processing Models*, pp.43~68.

10

# AI와 웹소설 창작의 미래, 작가의 새로운 위상

AI는 웹소설 창작의 속도와 범위를 확장시키며, 단순한 도구를 넘어 서사 생산의 협력자가 되고 있다. 이러한 변화 속에서 작가는 더 이상 홀로 이야기의 창조자가 아니라, AI가 제안하는 수많은 가능성을 선택하고 조율하는 기획자이자 연출자의 위상으로 이동한다. 그렇다면 미래의 웹소설은 어떤 방식으로 작가와 AI의 공존을 요구하게 될까?

AI와 미래 의사?

## AI 시대 창작 환경의 변화와 작가의 재정의

롤랑 바르트(Roland Barthes)는 1968년 발표한 "저자의 죽음"에서 전통적으로 문학의 주체로 여겨졌던 저자의 권위를 해체하고자 했다. 그는 텍스트가 저자의 의도와 권위에서 벗어나 독자의 해석 속에서 새롭게 의미화된다고 주장했다. 이 선언 이후로 작가의 창조물로 불리던 '작품(work)'은 더 이상 완결된 창작물이 아니라, 독자의 해석과 상호 작용 속에서 끊임없이 의미를 생성하는 '텍스트(text)'로 이해되었다. 즉, 저자는 죽었으나 텍스트는 살아남아, 다성적이고 개방적인 해석의 장으로 전환된 것이다.

이후 미셸 푸코(Michel Foucault)는 "저자는 무엇인가"(1969)에서 저자의 죽음이 곧 저자의 소멸을 의미하지 않는다는 점을 지적하며, '저자 기능(author function)'이라는 개념을 제시했다. 푸코에게 저자는 단순히 글을 쓴 개인이 아니라 텍스트를 분류하고, 특정 담론을 규제하며, 사회적 · 제도적 의미망 속에서 기능하는 이름(name)이었다. 저자는 개인적 창조자가 아니라 담론 체계 속에서 작동하는 제도적 장치였던 것이다.

오늘날 인공지능의 등장은 바르트와 푸코의 논의를 다시 소환하게 만든다. 생성형 AI는 단순한 보조 도구를 넘어 텍스트를 직접 산출하는 창작 파트너로 기능하고 있다. 웹소설 플랫폼에서 작가는 더 이상 고독한 개인 창작자가 아니다. 댓글, 투표, 피드백을 통해 독자들이 적극적으로 서사에 개입하고, AI는 기획 · 묘사 · 교정 · 번역 등 다양한 역할을 수행한다. 이와 같은 환경 속에서 저자의 권위는 분산되고, 창작 주체는 다변화된다.

그러나 이때에도 작가는 여전히 중요한 기능을 수행한다. AI가 텍스트를 양산하더라도, 그것을 작품으로서 승인하고, 특정한 장르적 · 상업적 맥락 속에 배치하며, 독자와 플랫폼의 기대에 부응하도록 조율하는 존재는 작가다. 다시 말해, AI 시대의 작가는 푸코가 말한 '저자 기능'을 새롭게 수행하는 주체로, 작품을 규제하고, 정체성을 부여하며, 사회적 · 플랫폼적 맥락 속에서 텍스트를 작동시키는 중재자로 자리매김한다.

따라서 저자는 죽었으나, 저자 기능은 사라지지 않았다. 오히려 AI 시대에는 저자의 기능이 더욱 중요해졌다. 작가는 더 이상 단일한 창작자가 아니라, AI가 제시하는 수많은 텍스트 조각들, 독자의 피드백, 플랫폼의 알고리즘을 엮어 내는 연출자 · 편집자 · 지휘자로서의 새로운 위상을 갖게 된다. 바르트의 선언이 저자의 권위를 해체했다면, AI 시대는 푸코가 말한 저자 기능을 확장시켜 작가를 집단적 창작을 오케스트레이션(orchestration)하는 존재로 재정의하고 있다.

## AI와 협업하는 작가: 도구를 넘어 파트너로

AI는 더 이상 단순한 글쓰기 보조 도구에 머물지 않는다. 기획 단계에서 트렌드와 장르적 클리셰를 제안하고, 취재 단계에서는 사실적 정보를 제공하며, 집필 과정에서는 문장을 생성하고, 완성 이후에는 교정과 번역을 수행한다. 이러한 다층적 기능은 AI를 단순한 수단이 아니라, 창작의 공동 기획자이자 공동 서술자로 위치시킨다.

웹소설 창작 환경은 특히 이러한 변화를 극명하게 보여 준다. 웹소설은 장르 규범과 클리셰에 의존하는 특성이 강하기 때문에 AI가 생성한 문장과 설정이 쉽게 장르 코드에 적합하게 수용된다. 플랫폼 기반의 연재 구조는 작가에게 매회 원고를 신속히 생산해야 하는 압박을 가하는데, 이때 AI는 장면 묘사, 대사, 세계관 설정을 빠르게 보완해 주는 생산 파트너로 활용된다. 결과적으로 작가는 모든 문장을 직접 생산하기보다는, AI가 제시하는 초안을 검토하고, 독자의 피드백과 결합시켜 최종 텍스트를 조율하는 큐레이터로서의 성격이 강화된다.

이러한 상황은 창작 주체의 권력 지형을 바꾼다. 전통

적으로 작가는 창작의 전권을 가진 유일한 주체였지만, 이제는 AI, 독자, 플랫폼이 함께 서사를 구성한다. 그 가운데에서 작가가 맡는 가장 중요한 기능은 세 가지다.

큐레이션 기능: AI가 제시하는 수많은 아이디어와 독자의 요구 중에서 작품의 방향성에 부합하는 것을 선별한다.
비평 · 감수 기능: AI가 만든 초안의 오류, 개연성 부족, 감정의 얕음을 수정하여 작품의 완성도를 보장한다.
연출 · 통합 기능: 독자 반응, 플랫폼 알고리즘, 시장성, 작품성을 모두 고려해 텍스트를 하나의 서사로 통합한다.

이러한 협업의 연출자적 위상은 사실 현대 창작 현장에서 낯선 것이 아니다. 영화, 드라마, 게임 시나리오 등 다수의 인력이 참여하는 공동 창작에서는 이미 '총괄자'가 여러 아이디어를 선별하고 조율하는 방식이 일반적이다. 이 관점에서 본다면 AI와의 협업 혹은 공동 창작은 결국 공동 창작의 멤버 중 하나가 특정한 분야—예컨대 신속한 정보 처리나 방대한 데이터 기반 제안—에서 특출난 능력을 지닌 경우라고 이해할 수 있다. 다시 말해, AI는 초인적인 기억력과 속도를 가진 동료이며, 작가는 그 동료의 성과를 다른 참여자들의 목소리와 함께 하나의 작품으로 조율하는 역할을 담당한다.

즉, AI와 협업하는 작가는 더 이상 모든 것을 직접 쓰는 존재가 아니라, 창작을 총괄하는 연출자이자 오케스트레이터다. 이는 영화감독이 연기, 촬영, 편집을 직접 하지 않지만 작품의 최종적 의미와 방향을 결정하는 것과 유사하다.

하지만 이러한 변화는 작가의 권위를 약화시키는 것이 아니라, 오히려 다른 차원에서 강화한다. AI가 양산하는 텍스트 조각들은 혼자 힘으로는 정체성을 획득하지 못한다. 그것을 작품으로 엮어 내고, 독자에게 전달 가능한 세계관과 캐릭터로 조율하는 것은 오직 작가의 몫이다. 따라서 AI와의 협업은 저자를 무력화시키는 것이 아니라, 작가의 위상을 '단독 창작자'에서 '협업의 연출자'로 변형시키는 과정이다.

## 미래 전망: 작가의 새로운 위상과 책임

인공지능은 이제 더 이상 단순한 보조 기술에 머무르지 않고 인류 문명의 방향을 재편하는 핵심 요소로 부상하고 있다. 이러한 사실은 최근 노벨상 수상 내역에서도 확인된다. 주목할 점은 노벨상이 인공지능에게 직접 수여된 것이 아니라, 인공지능을 개발하고 활용하여 학문적 혁신을 이룬 인간 연구자에게 돌아갔다는 점이다. 2024년 노벨 물리학상은 신경망 이론과 기계 학습의 토대를 확립한 존 홉필드(John J. Hopfield)와 제프리 힌턴(Geoffrey E. Hinton)에게 수여되었으며, 화학상은 단백질 구조 예측의 획기적 전환을 이끈 알파폴드(AlphaFold)의 개발자 데미스 허사비스(Demis Hassabis)와 존 점퍼(John Jumper)에게 돌아갔다. 이는 인공지능이 연구와 창작의 과정에서 결정적 역할을 수행하더라도, 그 의미를 해석하고 사회적 · 문화적 성취로 전환하는 책임은 인간에게 있다는 사실을 보여 준다.

이와 같은 맥락에서 AI 시대의 작가가 담당하게 될 역할은 세 가지 방향에서 설명될 수 있다. 첫째, 작가는 지식과 상상력의 융합자로 기능한다. 인공지능은 방대한 데이터를 처리하고 서사적 패턴을 제시할 수 있으나, 이를 하나의 의미망 속에서 독창적인 이야기로 변환하는 것은 인간 작가만이 수행할 수 있다.

둘째, 작가는 집단 창작의 총괄 연출자로 자리한다. 영화, 드라마, 게임 서사 등에서 보편화된 다중 인력의 협업 구조에 이제 인공지능이 새로운 팀원으로 참여하지만, 그 결과물을 작품으로 통합하고 방향을 부여하는 것은 작가의 몫이다.

셋째, 작가는 새로운 권위를 획득한다. 전통적 저자의 권위는 인공지능의 개입으로 해체되었지만, 대신 인공지능이 산출한 텍스트를 해석 가능한 담론으로 승인하고 사회적 맥락 속에 위치시키는 과정에서 작가의 권위가 새롭게 발생한다.

따라서 미래의 작가는 단순한 창작자가 아니라 스토리 감독, 서사 디자이너, AI 오케스트레이터로서 기능하게 될 것이다. 인공지능이 과학적 발견과 기술적 혁신을 가능하게 했지만, 그것을 문화적 산물로 전환하고 사회적 의미를 부여하는 최종 주체는 여전히 인간 작가라는 점에서 작가의 위상은 해체가 아니라 변형과 재구성을 통해 강화될 것이다.

이러한 관점에서 AI는 자크 데리다(Jacques Derrida)가 말한 '파르마콘(pharmakon)'을 떠올리게 한다. 파르마콘은 독이자 동시에 약이며, 치유와 파괴의 힘을 동시에 가진다. 그는 이를 고대 이집트 신 테우트(Theuth)의 신화를 통해 설명했다. 테우트는 문자와 지식의 신으로, 문자를 인간에게 선물했지만 동시에 그것은 기억을 약화시키는 독으로 작용할 수 있다고 비판받았다. 문자라는 기술은 지식을 저장하고 전승하는 힘이자, 동시에 살아 있는 기억을 대체하고 왜곡할 수 있는 양가적 기능을 지녔다. 인공지능 역시 이와 마찬가지로 창작의 가능성을 비약적으로 확장하는 동시에 혼란과 위협을 내포한다. 작가의 새로운 위상은 바로 이 파르마콘적 존재로서의 인공지능을 어떻게 길들이고, 작품 속에서 의미 있는 서사로 전환할 수 있는가에 달려 있다.

## 참고문헌


김준현(2023). "AI시대의 도래와 웹문예창작/교육". 《돈암어문학》, 44, 129~161쪽.

윤지영(2025). "Toward a Symbiotic Real: Elaboration of the Human-AI Coevolutionary Relationship through Deleuze and Guattari's Machinic Ontology". 《비평과이론》, 30(2), 85~120쪽.

石田英敬(2013). *デジタル・ミメーシス －メディア中心主義時代の芸術と文学*. 岩波書店.

윤대석(2017). 《디지털 미디어의 이해》. 사회평론아카데미.

Li, B. & Gilbert, S.(2024). Artificial Intelligence awarded two Nobel Prizes for innovations that will shape the future of medicine. *npj Digital Medicine, 7*(336).

**박성준**

한국외국어대학교와 한성대학교 강사다. 한국외국어대학교 글로벌문화콘텐츠학과에서 박사학위를 받았다. 글로컬창의산업연구센터, 현대유럽철학회 등에서 활동하고 있으며, 대중문화와 웹소설에 관한 칼럼을 기고하고 있다. "한국 MZ세대의 웹소설 소비 연구"로 학위를 받았으며, 현재 "AI를 활용한 웹소설 창작의 현재와 미래"(2024), "키치(kitsch) 개념에서 본 대중문화와 대중의 소비"(2024), "웹소설 플랫폼에서 나타나는 공간 생산의 주체"(2022) 등 AI와 플랫폼 그리고 웹소설 관련 연구를 진행하고 있다. 주요 저서로는 《에스닉 문화 콘텐츠》(2019), 《유튜브와 K-콘텐츠 레볼루션》(2019) 등이 있다.